城市化

与 农村人际关系

变迁

赵爽 —— 著

社会科学文献出版社

SOCIAL SCIENCES ACADEMIC PRESS (CHINA)

前　言

　　绝大部分关注中国农村的研究者注意到这样一个事实，即在中国几十年快速社会转型背景下传统村落中的人际关系发生了改变。本书选取了一个中国北方村落（凡村），通过文献研究、半结构式访谈、小组访谈与参与式观察相结合的定性研究方法对村落资料进行了收集。通过对相关理论的梳理和对实地资料的分析，试图考察在外部环境快速变迁（村改居工程的实施）时该村落内部人际关系所发生的变化，并对导致这一变化发生的因果机制加以呈现。

　　本书首先从两个方面对村落背景加以阐述：一是凡村大集体时代结束与联合家庭解体，家庭结构逐步缩小；二是传统村落中村民互助合作生产形式减少与家庭生活重心向经济转移。另外，还描述了在这两个方面影响下村落人际关系变化过程中所呈现的阶段特征。尽管在上述双重影响下，凡村人际关系呈现分化和逐利的特征，但是囿于农业生产方式、传统村落中的居住模式以及周边生活设施的完善程度等农村社会环境，村落中熟人社会的守望互助式人际关系模式并没有发生彻底的转变。

　　村改居工程的实施改变了凡村人的生产和生活方式，彻底打破了村落中的传统人际关系模式，村落中的人际关系模式从守望互助走向了个体化。本书从以下三个方面考察了村改居工程的实施对凡村人际关系变迁的影响：直观上的居住模式从院落式转向单元楼式；相对隐晦的交换方式从礼物交换转向商品交换；隐晦的村落舆论与闲话的形塑和约束作用减弱以及身份认同从农民转向市民。

一　居住模式与凡村人际关系变迁

　　村改居之后的凡村不仅在村落自然边界和周边公共空间的自然环境上发生了变化，同时还从原来院落式的平房居住格局变成了现今单元楼式的居住格局，房间格局发生了变化，并且各房间的功能也出现了分化。

在村改居工程实施之后，村落自然边界的模糊化，陌生人频繁的往来流动，以及无论从范围上还是从自然环境舒适度上小区周边公共领域的优化，都使凡村村民增加了与陌生人的互动和来往，也增加了个体化家庭从熟人频繁往来关系中抽离而单独享受自然环境的静谧和自由的时间。

院落式平房居住格局的消失，使院落这样一个原来作为私人领域的延伸和公共领域对个人生活侵入的交接空间不再出现，人们的生活被隔离成私人领域和公共领域两个明显对立、毫无交界的独立样态，真正成就了"躲进小楼成一统"的生活模式。

单元式楼房内的独立空间促进了个人隐私权的发展，与原来几代人共同居住的卧室相比，独立的卧室使儿童更加看重自己的私人空间。不仅如此，单元式楼房隔绝了原来熟人社会中人们之间亲密的交往关系。家庭中的成员更多的是以个体为单位和主体与自己所建立的人际关系在公共空间内进行来往。同时，父母与邻居和朋友之间的交往方式更加不易被儿童观察到，这进一步减少了儿童社会化过程中对传统文化规范与训诫的习得。

二　交换方式与凡村人际关系变迁

在凡村，从礼物交换到商品交换的转变主要是以村改居工程的实施为分水岭。通过比较村改居前后凡村人在不同时间和场合交换方式的变化，可以看到人际关系的改变。

在村改居之前，礼物交换的关系网络是以家庭为中心的，即以家庭为单位参与人际关系往来和人际关系之间的礼物交换活动。这种关系网络包括三个层面：第一，在邻近礼物交换关系网络中心的家庭外围，是家庭承继的来自血缘关系且居住在家庭附近的亲属关系，以及家庭承继的父辈在村落中建立的邻里交往关系，这种交往关系的维系和巩固是通过村落仪式及日常生活中的生产性交换、互惠性交换和协商性交换来完成的；第二，这层交往关系的更外围一层是由家庭创建的村落中的邻里交往关系，这种交往关系的创建是通过村落仪式以及日常生活中的生产性交换、更加具有表意性意味的互惠性交换和协商性交换来完成的，并且这种关系通过仪式性庆典中的随礼活动外在地表现出来；第三，家庭交往关系的最外一层，是与陌生人之间的一般性交换关系，也即商品性交换关系，在商品与货币交易完成的瞬间，交换关系终结。

在村改居之后，礼物交换的关系网络是以个体为中心的，即以个体为单位参与人际关系往来和人际关系之间的礼物交换活动。这种关系网络同样包括三个层面：第一，在邻近礼物交换关系网络中心的个体外围，是个体承继的来自血缘关系且居住在家庭附近的亲属关系以及由个体创建的来自学缘和业缘的人际交往关系，这种关系的维系和创建是通过更具工具性意味的互惠性交换完成的，并且通过在这种关系之间的次数较少的表意性交换来维系感情，这种关系和感情的维系更多的是出自个体面对未来的风险和未知的不确定时的一种规避风险和不确定感的自我保护；第二，这层交往关系的更外围一层是个体承继的父辈在村落中建立的邻里交往关系，对于个体而言，这种关系中的人际交往只限于认识和点头之交，不存在与其的礼物交换关系，当父辈不再参与此种人际交往中仪式性庆典的随礼活动之后，此种人际交往关系会自然断裂，不再维续；第三，个体交往关系的最外面一层，也是与陌生人之间的一般性交换关系，即商品性交换关系。

三　村落舆论、身份认同与凡村人际关系变迁

对于村落传统规范如何形塑和约束村落中人们的社会行为而言，需要区分两种不同的方式：一是管理传统对社会行动的形塑和约束，管理传统发挥作用的具体方式是村落中的舆论与闲话；二是意义建构传统对社会行动的形塑和约束，意义建构传统发挥作用的具体方式是人们的身份认同以及为了满足附着在身份上的期望而做出的相应行动。

在村改居前后，凡村在一些外在环境（如村落自然边界的模糊化、日益频繁的人口流动以及与陌生人的相处）上发生了变化，而且人们的主观感受（如对村落边界的认知、对生产和生活方式变化的实践感受、对村落共同体的归属感）也发生了变化。伴随着这种变化发生的是，凡村村民对自身的身份认同、对自身的人际交往方式和人际关系变化的感知以及基于此种感知所做出的相应的行动的变化，这种变化的发生打破了传统村落中管理传统（通过村落舆论和闲话）和意义建构传统（通过身份认同和依照此身份认同做出的相应的行动）对人们社会行动的形塑和约束，村落传统形塑和约束意义的消失使村落中的人们反过来进一步加深了自己对身份认同转变的认知并按照此认知做出相应的行动。

目　录

终篇　凡村人际关系变迁：从守望互助到个体化

传统村落人际关系的自然转变

在西方，人际关系变迁并不是最近才发生的社会现象。从文艺复兴时期到中世纪的雅典文化、新教的禁欲主义，再到 19 世纪末以及 20 世纪早期农民从封建土地制度和代际家庭纽带的约束下解放出来的长期历史中，对人际关系变迁的研究一直在进行（Beck and Beck-Gernsheim，2002）。关于人际关系变迁的讨论从社会学早期研究阶段就已经开始了。社会学经典著作在论及乡村社会向工业社会转型的社会类型特征时的主要观点是：乡村社会向工业社会的转型是家族经济逐渐向商业经济、市场经济转变的过程，是血缘关系、地缘关系向业缘关系的过渡，也是关系的人治社会让位于契约的法理社会的过程（Durkheim，1954；Tonnies，1957；Weber，1968）。

滕尼斯（Tonnies，1957）论述的共同体向社会的过渡，是家族经济被商业经济取代的过程，反映了人从情感的本质意志走向理性的选择意志。在社会学的术语体系下，礼俗社会被描述为那种直接的、具有归属意义的和情感层面上的初级群体特征，而法理社会制度则是以竞争、匿名性、个人主义与中立性为基础的。涂尔干（Durkheim，1954）对机械社会和有机社会的对比，以及韦伯（Weber，1968）对传统社会关系和工具理性社会关系的对比可以看作与滕尼斯平行的比较。梅因（2016）认为，现代工业文明的出现，包含了从传统的地位等级社会向陌生人之间市场导向的契约型社会的转变。对梅因来说，契约主义的兴起割裂了个人与家庭、社区之间的密切联系，人们被引入一种以陌生人之间的个人契约关系为基础的社会。除此之外，库利（2013）的"初级群体"与"次级群体"、雷德菲尔德（2020）的民间与都市社会，都强调了农转工过程中亲缘关系社会向理性、法治和规范社会的变迁。

在当代社会思想中，人际关系变迁的议题同样占据着重要的位置，一些当代社会学家关注新时期社会中个体重要性的增强以及作为自主的权利承担者的个体如何从社会和传统道德中解放出来，于是，"抽离"一词成为许多当代著名社会学家使用的重要概念。对于吉登斯（Giddens，1991）来说，抽离是指时间和空间的分离，这是现代性的一个重要特点；对于贝克夫妇（Beck and Beck-Gernsheim，2002）来说，抽离更多的是指个体如何从过去那些束缚他的社会群体中脱离，变成独立的个体来行动；鲍曼（Bauman，2000a）则用社会的流动状态来指称这种抽离。无论关注的是哪个面向，确定无疑的是，个体越来越从外部的社会控制中抽离出来，这种外部控制不仅包括普遍意义上的文化传统，还包括一些特定的群体类别，如家庭、亲属、社区和社会阶层。作为结果，社会进一步分化和多样化。

在关于中国传统人际关系的研究中，最具影响力也是最早对中国人际关系进行初步构念化的是费孝通，他根据早年在中国农村的调查研究，提出"差序格局"的概念（费孝通，2007）。他发现中国人往往以自己为中心，把他人按照亲疏远近分为几个同心圆，与自己越亲近的，在离中心越近的小圆圈内。他在这里首次把人际关系和人际交往放在一起，揭示了中国人人际交往因人而异的"特殊主义"以及"个别主义"特色。

除此之外，许多学者根据中国具体的环境与文化提出了许多本土性的概念，如中国本土意义上的"关系"与人情、面子与报等。但是，以上概念的提出以及对中国传统人际关系特征的概括都是针对中西方文化的差异而言的，是在中国与西方的人际关系特征的对比中进行的描述和分析。

近些年，一些学者也关注到这样一个事实，即随着中国社会环境的剧烈变化，传统村落中的人际关系发生了变化。但是，关于村落人际关系变迁后所呈现样态的研究，淹没在浩如烟海的农村政治研究或农村经济研究中，较少有专门的社会学研究对村落人际关系变迁前后的特征进行详细的描述和比较，较少有人考虑到农村人际关系变迁是在复杂多重因素作用下发生的。

还有一点需要注意，就是近几年在中国农村广泛开展的村改居工程。随着中国经济发展和工业生产水平的提高，中国的城市化进程大大加快。特别是在2000年10月，中共中央在关于制定"十五"计划的建议中提出："随着农业生产力水平的提高和工业化进程的加快，我国推进城镇化条件已渐成熟，要不失时机地实施城镇化战略。"也正是从2000年开始，中国进入了城市化进程的快速发展期。在中国农村城市化的进程中，村改居是重要的途径和手段。通过撤村建居，加速城市化和城郊农民市民化，是近年来一些经济发达地区的地方政府着力推动的一项社会工程（毛丹，2009）。这一社会工程所引发的不只是户籍、工作、住地的转变，还是心理、行为、文化的转变，它关乎8亿~9亿中国小农"走向其历史的终结点"（郑杭生，2005；毛丹，2009）。在中国大规模和大范围的城市化过程中，在农村的传统生产方式和生活方式随着村改居进程发生深刻的改革与变迁过程中，在中国农村大地上到底发生了什么？

村改居大规模发生以及在这一过程中所产生的社会问题，引起了各个学科的关注，出现了大量的学术研究。不同于经济学讨论的非农化、地理学讨论的城市化、人口学讨论的农村人口向城市转移，在社会学的研究视野中，研究主要涉及农民在村改居过程中生产方式、生活方式和身份认同等各个方面的转变（陈映芳等，2003；王道勇，2005；谢建社，2006；毛丹，2009；陈宇，2016；郎晓波，2019）。一些社会学学者关注和强调的内容虽然广泛，包括农民的权益保障与补偿安置、就业状况、社区治理、农民身份向市民身份的转变与角色困境等方面，但是很少关注村改居过程中更为根本的改变，这种改变不是生产方式、生活方式和农民身份的改变，而是在这些改变中发生的人与人之间传统交往方式的改变，以及伴随着传统交往方式消失而产生的传统村落人际关系的变迁。

中国目前还有 60 多万个行政村，堪称"村庄大国"。关注、研究中国村庄的生存、转型和前景，是社会学的当然责任。然而社会学学者所做的并非天然就是村庄的社会学研究。20 世纪 90 年代以降，村庄研究著述层出不穷，但是在这些研究，包括大量被冠以社会学名目的研究中，去社会学化、去社会理论化倾向很普遍，至少，村庄研究与社会学的关联性相当模糊，社会学也未能在村庄研究中获得多少知识更新、理论前进的有效动力（毛丹，2010）。社会学的核心问题就是人与人的关系问题，是个人如何可能/社会如何可能的问题。无论在社会学学科的视野下有多少分支以及研究有多深入，最根本的问题不能丢弃。关注中国农村村改居过程中的人际关系变迁，正是关注在外部环境的剧烈变迁下传统村落共同体的走向，正是关注村落共同体中人与人之间关系的现实样态。

在中国社会转型的时代背景下，尤其是在近些年中国农村村改居工程实施的影响下，中国传统村落中的人际关系发生了哪些方面的变化？这些变化呈现哪些特征？是什么导致了这些变化，或者说，变化的具体发生过程是怎样的？

本书正是带着以上问题选取一个在 15 年前经历了村改居工程的北方村落，尝试对村落人际关系变迁过程进行描述，概括其人际关系变迁前后表现出来的特征，并对其中蕴含的因果机制加以呈现。

第一章　村落概况

凡村地处中温带大陆性季风气候区，一年之中，四季分明，春季温暖、夏季炎热、秋季凉爽、冬季寒冷。但春季来迟，一旦春到，气温回升快，多南风，少雨。秋季也较早地离去，温度急剧下降，雨水明显减少。因此春、秋两季较短，冬季偏长。年平均气温为6.4℃~7.7℃，年降水量为600~800毫米，无霜期为148~155天。凡村地处辽北冲积平原，辽河、凡河流经全境，地势平坦，土壤肥沃，水源充沛，温度适宜，光照充足，适宜粮食生产，为农、林、牧、渔业的全面发展提供了良好条件。凡村属于农业区域，有耕地近16万亩，其中旱田和水田各占耕地的一半左右，没有越冬的大田作物，主要农作物有水稻、玉米、大豆等，是全国著名的商品粮基地。

凡村位于辽宁省北部，北距铁岭市10公里，南距沈阳市43公里。京哈铁路、哈大高速公路分别从村西的农田中穿过，102国道将村子分成了村东与村西两个部分。在村改居工程实施之前，村内共有居民315户1096人，村内居民以农业生产为主要劳动方式和生活来源，兼有一些家庭养殖作为副业。在新农村建设、市政府搬迁以及招商引资政策的共同影响下，2006年初，凡村的土地被征用为物流中心集散场地，原村连同周围邻村共6个行政村的居民于2006年底共同搬迁至新市政府所在地附近，新址位于距原址西北5公里处。在村改居之后，由于分楼分户及新婚人口增加，截至2020年底，凡村共有居民420户1118人。

在村改居之后，凡村已经由原来的农业村落转变为一个没有一亩耕地、没有一个真正意义上的农民的类城市社区。同时，它也是一个村落边界高度清晰又相对模糊的村民聚居地。说它村落边界高度清晰，是在其作为一个行政村落和村落福利的意义上而言的，哪个村民户口隶属该村，享有村落福利，而哪个村民虽然在该村居住，但是没有该村户口，不应该享有村落福利，这一点对于凡村的所有村民来说是非常清楚的。这里的村落福利是指村改居之后作为拥有该村户口的村民所获得的补偿款和住房补贴。说它村落边界相对模糊是相对于原来的自然村落而言的，在原来的自然村落中，村民集中居住在一起，村落周围有丘陵、河流和农田围绕，自然村落与自然村落之间的地理边界非常清晰；而在新建成的居住区，以楼号划分居民，各个自然村落的村民虽然还是相对集中地居住在相近的楼房内，但是已经无法清楚地加以区别，而且由于居住区周边商业的发展和建筑工程的增加，许多外地生意人和打工者也在居住区内租房居住，陌生人相对增多，村落边界不再明晰。

选择凡村作为个案研究的地点，首先在于其所在区域的经济发展水平无论在全国来说还是与全省的其他市县相比较，都处于中等偏上水平；其次，该村落不属于宗族势力强大的一族村，而是在中国北方比较常见的杂姓村。除此之外，该村所在区域经历了轰轰烈烈的城市化进程，最为明显的表现就是村改居工程的开展，在这一特殊社会环境改变的带动和影响下，无论是作为村落整体的凡村，还是村落中的人们，都表现出一些不同寻常的独特之处。因而，研究这一既普通又特殊的地区环境中的村落人际关系具有典型意义，更容易把握影响其人际关系变迁的各种因素以及这些因素之间的复杂联系。虽然凡村所在区域基本上符合上述情况，但是，为了使论述的对象更加具体，便于把握一个无论在纵向上还是在横向上都较为全面的村落人际关系演变轨迹以及试图理解和解释形成这一演变轨迹的诸影响因素，本书主要分析该区域中的一个村落，即凡村。

选取凡村作为研究地点，还得益于"近水楼台先得月"。笔者在这里出生，在这里成长，直到考入大学才"离开"这里。当然，这种离开并不是真正意义上的，因为每年在寒暑假的近两个月时间里，笔者都会回到这里居住和生活。这种不断的离开和回归带给了笔者不同于一般村民的对村落的主观感受，同时，所学的专业也带给笔者一种更富探究色彩的观察视野。村改居改变了凡村的村落形态，改变了村民的生产生活方式，伴随着这种外在的改变，更深刻的则是传统人际交往和人际关系的变化，这种变化发生得如此快速和明显，使生活在其中的村民不仅切身地感受到，而且在日常闲谈中也或多或少、或深或浅地用语言来表达他们的切身感受。但是，他们无法理解和解释的是，这种变化的快速发生根源于何处，而这正是笔者想要加以考察的社会现象和问题。这样一个无论是外在的村落形态、生产生活方式，还是更为内隐的人际交往与人际关系都发生快速变迁的村落，为笔者提供了一个很好的研究平台，熟悉的村民和邻里以及他们的切身感受为笔者提供了方便且随意的交流方式和空间，可以更准确地理解和把握村民在面对整个其所久处和熟知的村落群体和人际关系、在面对其所久处和熟知的家族/家庭的代际关系以及家庭夫妻关系时，作为个体的人发生了哪些态度与行为上的变化。

虽然村改居工程在中国农村大地上轰轰烈烈地开展，但是笔者并没有打算将这个村落作为整个中国所有开展村改居工程的村落的缩影来研究，也没有打算对研究结果做出推论。相反，笔者首先关注的是凡村在村改居前后村民的具体生活，不是具体补偿和村民福利的得失，也不是农民市民身份与角色的转变，而是村改居工程背景下凡村村民人际交往与人际关系的变化，以及引发这种变化的诸多因素。或许，本书所讨论的问题在所有经历过村改居的村落中都出现过，但这不在本书讨论范围内。尽管如此，对这样一个个案的深入探究，可以增进我们对中国农村社会现实的了解。也正如阎云翔所说，只有增进对地方的特殊情况以及特殊历史背景的了解，才能够进一步深化对社会变化总趋势以及人类道德体验的理解（阎云翔，2006）。在这一点上，本书所揭示的则超出了一个村落个案的范围。

第二章 从"大"到"小"：大集体与分化的家庭

关于新中国成立以来中国农村经历的社会变革，王跃生（2006）指出，20世纪40~80年代是中国社会变革最剧烈的历史时期。其突出标志为40年代末50年代初的土地改革、50年代后期人民公社制度的建立和80年代初家庭联产承包责任制的实行。客观上讲，中国农村从土地改革直到20世纪80年代家庭联产承包责任制实行，生产关系发生的变化是巨大的，农村社会和生产管理方式也与以往大不相同，人们的观念和意识发生了重要变化（王跃生，2006）。纵观20世纪30~90年代，王跃生（2006）指出，中国农村的生产方式经历了家庭—集体—家庭这样一种变动轨迹。

家庭和家族是两个经常被混淆的概念。在中国历史上，家庭这个概念很少被使用。古代的"家"有时指的是"户"概念下的共居家庭，有时指的是家族。一般家族都是由"房"或"房支"以父系原则建构起来的，因此在研究中，一些西方学者将"夫妇式家庭"等同于"房"的概念，将其作为中国家庭的基本模式（唐灿等，2009）。陈其南认为这是错误的，在他看来，无论是"夫妇式家庭"还是"主干家庭""联合家庭"等任何类型的家庭模式，都因不包含父系原则而与家族这种功能性团体大异其趣（陈其南，1990）。与中国文化同源的日本也有一些学者用"家"一词反映西方占支配地位的中产阶层家庭文化对东方的渗透，所谓"家庭"是以夫妇、亲子等特殊关系为中心，由少数近亲在密切融洽的感情基础上建立起来的小集团。而"家"则与跨文化意义上的"家庭"不同，"家"是个血统集团，也是家产家业的运营和祭祀先祖的集团，是日本式家长制传统家庭的指称（鸟越皓之，2006）。

弗里德曼依据宗族"公产"数量的多少，建构了两种模式来分析中国宗族的结构，分别称为A模式和Z模式（乔素玲、黄国信，2009）。A模式下的宗族人口较少，族内基本是农民，并无社会精英，所拥有的公产只是开基祖墓地的一小块土地。祖先祭拜仪式简单、稀少，宗族成员可能属于同一个房。Z模式下的宗族人口较多，成员中有士绅、官宦、商人等，宗族拥有大量的公产，其中最重要的是土地，由于宗族富有，成员往往愿意待在族内享受对宗族土地的耕作权和其他的族产。族内具有依系谱关系的等级分化，并产生分等级的祠堂。由于族内具有一定数量的社会精英，宗族成员常常可以享受内心的荣誉感，且超越了在处理本族与其他宗族以及国家的关系时所获得的实际利益。

凡村是一个杂姓村，但是村里仍然有四个大姓家族，即陈、卜、杨、张。在凡村，"四大家族"（村里人这样称呼这四个大姓家族）的地位并没有像其他的农村研究者所描述的那样重要，即使是在集体化时代之前，"四大家族"的团结也只是表现在春节的家族祭拜上面，"四大家族"中的成员从来没有在村落权力的争夺中胜出过。据老人们回忆，他们不仅没有在村中担任过村支书、村主任、文书等职务，甚至连入党这种在村里人看来比较荣耀的事情，从老一辈开始算起，"四大家族"中也只有两个成员成功过。凡村的宗族、家族氛围很淡。

宗族作为一个群体，对其成员的吸引力包括群体成员之间的相互吸引力以及群体成员对群体的满意程度。群体凝聚力的强弱受多种因素的影响，概括起来有以下几种。第一，群体的领导方式。勒温等人的经典实验比较了在"民主"、"专制"和"放任"这三种领导方式下各实验小组的凝聚力和群体气氛，结果发现在民主型领导方式组别中，成员之间表现出更友爱的关系，成员相互情感更深厚，思想更活跃，凝聚力更强。第二，外部的影响。外来的威胁会增强群体成员间的价值观念，从而增强群体的凝聚力，如群体间的竞争会使群体凝聚力增强。第三，成员间的共同性。如果群体成员具有共同的目标、利益、兴趣和爱好以及愿望等，则群体的凝聚力更强。第四，成员对群体的依赖。成员在满足需要上对群体的依赖性越强，则群体对其的吸引力也越强。第五，群体内部的奖励方式和目标结构。不同的奖励方式影响群体成员的情感和期望，个人与群体相结合的奖励方式有利于增强群体的凝聚力；将群体成员的任务目标有机地结合，可以增强集体观念和群体凝聚力。第六，其他因素。信息的沟通方式不同，对群体成员的满意感、士气和群体凝聚力的影响也不同。群体成员的个性特征、兴趣和思想水平也会影响群体的凝聚力。

联系上文对凡村中家族势力的简单描述发现，从上述任何一点影响群体凝聚力的因素来看，凡村"四大家族"成员的凝聚力都并不强，作为某一家族成员的身份远不如作为凡村村民这一身份重要。因此，严格说来，凡村既不属于弗里德曼所说的 Z 模式，也不属于其所说的 A 模式。凡村仅仅能算作一个具有多个大家庭团体的多姓氏村落。以每个院落作为一个家庭单位，凡村大部分家庭表现为以父子关系为主轴的"家"模式。

第一节　从"家"到"家庭"：形式分离与文化传统延续

社会学对中国亲属关系的研究兴趣可以追溯到韦伯（Weber，1930）。韦伯认为，与西方中世纪的新教改革和现代民族国家的崛起不同，家族组织在中国具有决定性的作用，并且发展到了一个其他任何社会都没有达到的程度。在县级以下，中国的农村生活被一个组织完善且具有权威的"家族组织"所控制。韦伯认为在中国农村家族组织是最重要的"合作行动者"（cooperative actor），这不仅是因为家族组织对教育系统的经营和家族祖先祠堂的创建，还是因为家族组织对土地的拥有权、对手工业的经营权、对成员身份的认可权、对冲突的解决以及对纷争的公众仲裁角色。除了韦伯对中国的间接研究之外，还有很多学者根据第一手资料更加详细地描述了家族组织在中国农村的重要作用。例如，许烺光（Hsu，1948）提出了构成中国个体文化的五个核心部分：父子关系的核心重要性，两性关系的疏远，大家庭的理想，将孩子看作成年人来进行教育的教育体系，父母的权威和权力。他指出，家族不是为了支持个体而存在，相反，是个体为了延续群体而存在。个体出生于、成长于并且持续生活于祖先的阴影之下。另外，还有梁漱溟、费孝通等著名学者都不同程度地考察了中国社会中的家族制度。

20 世纪 30 年代的中国宗族研究较多地受到"革命话语"的影响，宗族作为落后的意识形态及社会组织受到批判。50 年代以后，国内继续以"革命"观研究中国宗族，希望从根本上消除宗族对基层社会的影响。当时在社会进化论的影响下，宗族基本上被视为社会发展的障碍，需要消除。后来，马克思主义在中国的影响越来越大，宗族就被看作"古代公社"制或者血缘关系很浓的奴隶制的残余，是封建性的落后的社会形态，同样是需要消灭的对象（常建华，1999）。毛泽东关于"政权、族权、神权、夫权"的经典表述为中国宗族研究中的革命话语定下了基调。直到对宗族的认识已经趋向于多元化的今天，革命话语对宗族研究仍然有一定影响（乔素玲、黄国信，2009）。

1949年以后，家族组织在农村的作用发生了巨大的转变。在这一转变过程中，国家成为个体脱离家族组织、实现农民主体性以及高度自我中心的个人之崛起的主要推动者。杨庆堃曾经预言："当前集体化的浪潮推动个人为超越家庭的集体而做出牺牲。"（Yang，1965，转引自张婷婷，2017）

通过集体化与"大跃进"，国家试图推动集体主义，从而使农民将其忠诚的对象从家庭转移到集体，最终到国家。因此，国家必须摧毁旧的社会等级与家庭结构，将农民从家庭忠诚的成员变为原子化的公民，国家用对社会主义集体的忠诚取代了对家庭的忠诚，用集体主义取代了家庭至上（阎云翔，2006）。阎云翔（2006）指出，革命前在中国大量的村庄中，绝大部分甚至全部的社会活动是在家庭与家族内部进行的。在家庭与家族内部，权力与权威以辈分和性别为基础。除了生产与消费，由传统家庭来组织的社会活动还包括社交、教育、迁徙等。这种家庭化的社会组织模式在土地改革期间受到了挑战，共产党支部及其领导的农会从传统的家族势力手中取得了农村的领导权，士绅长者的权威也遭到了青年人革命行动的打击。国家用新的行政机构与干部系统取代了过去以血缘与本地士绅为基础的非正式的地方权力体制。

共产主义者做了许多的工作去瓦解农民的一系列传统价值观。例如，在苏联，国家试图以对国家的忠诚来取代传统家庭观念。傅高义（Vogel，1965）曾经注意到，20世纪50年代，中国以亲缘和友谊为基础的私人关系伦理正经历严重的收缩，中国的非个人的带有政治性的"同志关系"相比友谊关系拥有了绝对的优势，"同志"普遍代替了朋友和亲属的个人伦理，"同志"要求对社会上的所有人一视同仁。在农村，农民间的"人情"和传统的亲属关系遭到了系统性的消解（Madsen，1984）。

传统地方权力机制的消解导致了两个方面的结果：一方面，家庭及个人过去从来没有直接受制于国家权力，也没有如此近距离地感受过行政系统的威力；另一方面，在很大程度上农民个人也从家庭、亲缘、社区的权力下解放出来。这使家庭私人化得以实现，同时也通过将家庭卷入国家政治的方式为其个人的发展创造了新的社会空间（阎云翔，2006）。新中国成立以来，现代宗族的异化使其在乡村治理中出现了断裂性，具体表现为国家行政干预与宗族进退、宗族变迁的相互影响和相互交织（赵文杰，2020）。

上述学者在各自的研究中从不同的侧面强调了中国集体主义时代政治运动和国家政策对农村亲属关系的影响。虽然很多学者同意新中国成立以来农村社会变革对农村亲属关系的瓦解作用，但是，从凡村的实际情况来看，影响并没有想象中那样巨大。在新中国成立以来农村社会变革的不同阶段，凡村的"家"模式出现了分化的趋势，最主要的表现就是大家庭的瓦解。

李中清依据清代盛京内务府户口册资料，对1789~1909年120年间东北民间分家状况进行过探讨，结果是该地复合家庭占很高比例，达47.9%（Campbell and Lee，2000，转引自王跃生，2006）。传统时代，父母特别是父亲在世与否，对兄弟分家会起到很大作用，即一些情况下，兄弟婚后即使不愿住在一起，一般也要等到父母特别是父亲去世后才分爨分产（王跃生，2006）。在凡村，通过与老年人的交谈也可以了解到，新中国成立前，一个家庭中兄弟几人婚后仍然没有分家居住在一起的情况极为普遍。

中国农村的土地改革带来了农村的分家高潮（王跃生，2006）。这一现象的出现首先是因为土地改革中富裕且人口多的大家庭所受冲击最大，分家行为由此产生。上中农以上家庭生存条件的优势主要是占有较多的土地和齐全的牲畜、车辆等生产工具。土地改革中，富裕家庭土地的一部分甚至大部分被剥夺，分配给无地少地的农民。富裕家庭实际占有土地的数量或者降到平均水平，或者降到平均水平以下，因而维持原来众多成员生存的能力相应降低，合爨生活的难度明显增加，分家成为他们不得已的选择。其次是因为贫穷家庭分家增多。分家需要基本的物质条件，土地改革中，贫穷家庭不仅增加了土地，而且分得了住房，有了分家的物质条件。加上有的贫农新分住房与原住房不在一起，因而分开生活是比较现实的。

高级社运动使分家出现了又一个高潮（王跃生，2006）。集体经济制度下大家庭裂变的频率提高由以下几个因素促成。首先，集体经济打破了大家庭界限的生产队组织成为家庭及其成员生存依赖的主要对象。这意味着，家庭的生产功能开始丧失。已婚子女独立生活能力提高，其分家意识随之增强。其次，在集体经济制度下，子女对家长的生存依赖程度降低，家长难以抑制已婚子女的分家要求。在集体经济条件下，家长对土地这一核心家产的掌握权被剥夺，由此家长支配子女，主要是已婚儿子的能力极大削弱。另外，由于不再涉及土地的分割，分家的复杂程度大大降低，分家成本节省。一般而言，只要将分家结果告诉生产队长，并转告会计，分家和另立户头的工作即告完成。再次，在集体所有制下，家庭已经没有了土地这种对生存最重要的不动产资源。在集体经济大部分时期，家庭成员都是生产队中没有地位高低的劳动者。因而分家时，没有土地变动的复杂过程（王跃生，2006）。最后，在集体经济环境下，宅基地获得的相对容易为小家庭的产生创造了客观条件。在集体所有制下，土地的产权具有矛盾性质（王跃生，2006）。宅基地虽不具有私人性质，但是一旦获得就可以永久使用，甚至传给下一代，并且在宅基地上建造的房屋具有私有性质，可以增加限制条件买卖。这种制度安排实际上鼓励家庭在旧宅之外建房。新划拨的宅基地多位于原有村庄外边，由此建起的新宅多由新婚儿子享用。因而这也成为分家间隔缩短的一个不可忽视的因素。

家庭联产承包责任制实施后，家庭生产功能的恢复并没有减慢分家的步伐，相反加快了（王跃生，2006）。这是因为传统时代大家庭组织对土地耕作具有优势，而20世纪80年代之后，形势已大不相同。一是平均每人的口粮田和责任田面积很小，耕作量减少，合作生产的必要性降低了（但这不影响父子之间和已婚兄弟之间在播种和收获时协作）；二是随着农业科技水平的提高，田间管理所花时间减少，基本上只限于种植和收获时。为增加收入，成年劳动力更多地寻求农业之外的经商、务工活动。在第一种情况下，人们觉得核心家庭完全可以有效地组织小块土地的经营管理，而且灵活方便，没有必要留在大的家庭类型中。在第二种情况下，年轻人在非农经营中的优势显示出来，因而更希望尽早分家，以便取得财产的支配权。与此同时，由于子女的主要经济行为已经不是土地经营，熟谙农业生产的父亲对子女的指导能力和约束能力降到最低点。一旦子女提出分家，父母一般都会认可。从凡村集体经济时代末期与家庭联产承包责任制时期的村落总人口变动趋势和村落总户数变动趋势的对比中可以看出大家庭的解体情况。

马克·赛尔登（1933，转引自王跃生，2006）认为，土地改革前家庭的经济逻辑组织家庭提前分家。家庭契约的核心是年老父母由男性后代照顾和最终的土地转移之间的交易。集体化消除了土地转移的因素和作为生产活动组织者的家庭。20世纪80年代的家庭联产承包责任制提供给青年男女平等和直接得到自己土地的机会，即使他们建立独立的家庭也是如此。而且，随着村庄提供住宅建设土地，越来越多的青年男女婚后选择尽快从父母和公婆权威的束缚下解脱出来的生活方式。

20世纪50年代以来，结婚后与父母和兄弟合爨生活的时间逐渐缩短，80年代以后，结婚即分家成为普遍的做法。其他学者的研究也揭示出与笔者相似的结果（王跃生，2006），其主要结论，一是儿子的分家时间提前，从父亲居（儿子结婚后与父母合爨生活）的时间缩短；二是兄弟之间平分家产的传统分家方式被一种新的"系列分家"方式所取代，这种系列分家方式的重要特征是整个分家过程包含着数次财产分割——每个儿子只能从中得到一小部分家产。不少学者认为，随着农村人口流动的增加，农村家庭结构也发生变迁，表现为从传统的三代直系家庭结构向"新三代家庭"转变：新三代家庭看上去仍然保留着"祖辈-父辈-子辈"这样一种三代结构，但是"祖辈-父辈""父辈-子辈"两个家庭之间的经济是相互独立的，不同于传统三代家庭下的"同居共财共灶"；新三代家庭在代际关系、代际责任和代际伦理等方面与传统三代家庭有着根本的不同（张雪霖，2015；杜鹏、李永萍，2018；杨华、王会，2020；吴柳财，2022）。

图2-1是凡村1987年的一份分家协议《关于YJE（父亲）与其长子YZJ分家物资和负担处理结果》，正是上文"系列分家"过程中的第一次分家。YJE共生有两子，次子未婚，这是其长子刚刚结婚不久后要求分家，在凡村大队调解人员的调解下达成的一份正式的分家协议。协议中具体协商规定了房屋的分配以及两子对父母的赡养义务。

传统意义上的分家主要是兄弟之间分割财产，各自建立经济单位和生活单位。因而真正的分家在兄弟两人以上家庭才会出现，独子家庭没有与此相对应的分家对象（王跃生，2006）。然而20世纪80年代以后，独子与父母的分家行为（分开生活）逐渐增多。独子与父母分家具有分家的基本形式：生活单位分开，收入各自独立，父子各为户主。

不过，在凡村村改居之前，许多老年父母与成年子女虽然已经分家

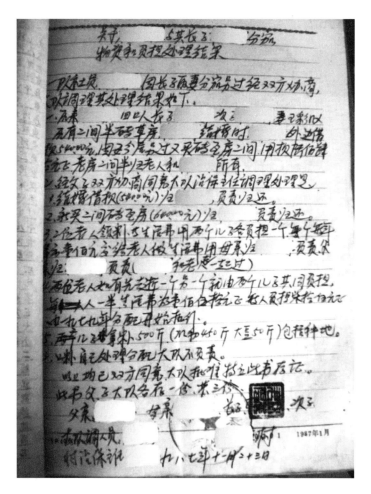

图 2-1　1987 年凡村一个两子家庭大儿子结婚后与父母的分家协议

资料来源：凡村村社资料。作者摄于 2012 年。

（成年子女脱离父母家庭另立户头），但实际上还生活在一个院落一座房子的东西屋中。而村改居之后成年子女与老年父母则完全分开居住。原来已分家但是仍然居住在一起与村改居之后的分家是两种完全不同的分家方式，前一种更像是分爨式分家。中国传统时代，分家实际包括分爨和分产两部分内容（王跃生，2006）。分爨最明显的标志是原来生活在一起的父子或兄弟分开生活，各自炊煮；分产则是两个或两个以上的兄弟对祖辈财产分割继承。

分家使原来家庭成员群体中有责任心的人增多，有助于克服生产和生活中的困难，还能调动各个小家庭创造财富的积极性。另外，分家增加了家庭成员的自由度，将家庭矛盾降到最低水平。还有，分家减少了对家庭资源的浪费，加深了家庭成员对财产和经营的关心程度。当然，实际发展结果往往因家庭成员能力和品行的差异而有所不同。分家后有助于小家庭财富增长的预期是倾向于分家的主要动力。但是，村改居之后的分家主要目的是生活方式的各自满足。凡村在村改居之后，由于丧失或部分丧失劳动能力的老年人同样也有固定的收入来源，所以分家与否的标准就不太表现在对分家后生活水平变化的考量，而更多地表现在对生活方式和生活舒适度的追求。不过，父母财产的最终继承人仍是儿子，因而父子分财的意义不大，这种分家多是彼此为了寻求互不干涉的自由生活，减少日常矛盾。独子家庭父子分家的前提是父母尚有劳动能力，对儿子没有依赖。这种特征决定了独子家庭父子分家一般没有分家契约。

有学者指出，受到新中国成立以来国家在农村实施的社会变革的影响，传统村落人际关系的变迁还有一个表现，就是村落中传统文化和价值观念的改变。农村传统价值观念的失落已成为老人赡养问题化的重要原因（郭于华，2001）。

第二节　代际关系：长者权力衰落与家庭生活共同体意义存续

在工业化和城市化之前的漫长历史阶段，人们生活在传统的农业社会中，在这样的文化中，长者不仅拥有传统的物质资源，其中最为重要的就是上地，而且对传统的农业劳作技能娴熟，对传统文化及在其中的生存法则最为了解，自然成为村落群体中年轻人的行为楷模，得到年轻人的尊重，拥有威望。玛格丽特·米德（1987）在其关于代沟的论述中，曾经用"前喻文化"来指称这样一种现象，即老一代传喻给年青一代的不仅是基本的生存技能，还包括他们对生活的理解、公认的生活方式以及简拙的是非观念，而年青一代的全部社会化都是在老一代的严格控制下进行的，并且完全沿袭着长辈的生活道路。在传统的农业社会中，代际关系是连续的。但是，随着工业化和城市化的出现，因传统社会向现代社会的过渡而出现的代际的断裂性或不连续性，使代际的矛盾和冲突成为一个突生的社会现实而凸显出来（周晓虹，2008）。杰弗里·戈勒在研究移民问题时曾经观察到，由于迁移到了新的环境中，美国的父辈丧失了欧洲的父辈所具有的权威性，因此常常会遭受更能适应新生活的儿子的拒斥（转引自周晓虹，2008）。1949年以来，中国家庭生活的一个重要变迁是父母权威的衰落。社会主义改造运动以及工业化削弱了家庭在国家经济生活中的重要性，从而剥夺了老年父母在家庭内部权力运用的物质基础。子代在大家庭中的权力地位上升，使得子代家庭的发展目标主导了整个家庭的权力关系（黄佳琦，2021）。

　　在凡村一个不可否认的事实就是经历了农村社会变革后代际关系发生了改变。这种改变的首要表现是家庭结构从联合家庭向主干家庭转化。家庭结构的从大到小直接影响到家庭内部权力关系在代际的转移。

　　家庭结构改变对家庭内部权力关系的影响首先表现在家庭财产自主支配权的变化上。在中国传统农村的家庭生活中，最核心的特征就是"同居共财"。费孝通（2012）曾经在《江村经济》一书中提到，"农村中的基本社会群体就是家，一个扩大的家。这个群体的成员占有共同的财产，有共同的收支预算，他们通过劳动的分工过着共同的生活"。家群体中的成员需要将收入上交给家共同体，再由大家长进行统一的预算和支配。滋贺秀三（2013）也曾在《中国家族法原理》一书中提及，对中国人的家族生活来说，同居共财的情况是本质性的要素。所谓的家族共产，通俗一点来讲，就是整个家族靠着一个钱袋子来生活，每个家族成员的劳动所得都需要集中到这个钱袋子里，相应地，每个人的生计支出与花费也全部由这个共同的钱袋子来供给，这样，财产作为共同的家产得以保持和传递（转引自王海娟，2016）。家财产具有非个人化和非家庭化的特征，个人与夫妻组成的家庭对于家财产缺乏自主支配权。这在传统的以农业生产经营为主的经济生产方式下是必然的选择。以土地私有制为基础的自给自足的小农经济，确立了家作为生产、生活和生育单位的主体地位，家作为一个整体，对土地、房屋、牲畜和大型农具等基本生产生活资料进行使用权的统一管理和分配。同时，土地、房屋、牲畜和大型农具等作为主要的家财产，可以在代际累积、传递和继承，这些生产生活资料无法清晰区分所有权和使用权，因此，个体农民或家以下的小家庭的付出和收益也难以进行较为清晰的划分，家财产才具有了共有的性质。在"同居共财"制度下，家财产的所有权、管理权和使用权由大家长进行支配,进一步维持和延续了家财产的公共性和父辈权威。

随着农村土地制度改革、公社制度解体和家庭联产承包责任制的实施,土地所有权实行集体公有制,农民个体不再从家族中继承土地,而是按照家庭人口数量从村集体中获得土地的使用权,作为农民最重要的生产资料,土地已经不再是家族中的共有财产,家族中的大家长也失去了对土地的使用权、管理权。通过渐次分家,多子家庭可以从村集体中分得更多的宅基地,优先分家的家庭可以优先选择宅基地的位置,这也促使很多联合家庭积极分家,以获得宅基地的优先选择权。房屋不再共有,而成为分家之后核心家庭夫妻的财产。随着经济作物种植的普及和务工机会的增加,农民收入中大部分来自劳动力市场和雇佣经济,父辈和子辈各自通过个体努力在劳动力市场上获得收入,农业经济生产合作关系被切断,之前种种生产生活中的权威性知识也已不再发挥作用,相反,因为子辈更年轻、有更好的体力和劳动能力,较父辈而言,收入更多,也更有务工经验上的发言权,父辈权威进一步削弱。

除了上面所说的家庭财产自主支配权的变化之外,另一个影响长者权力衰落的因素就是农村社会价值观念的整体变迁。在农村传统社会价值观念中,父慈子孝是基本的家庭代际关系文化模式。农民个体在家庭整体中完成成长、生产、繁育、祭祀等延续家族的任务,父辈向子辈传送生产生活所必需的资源、信息和经验,完成养育后代的任务,承担上一辈人的责任,贡献上一辈人的价值,当子辈成长起来后,就需要相应地完成赡养父母、养老送终的任务。只有当子辈承担起这样的责任时,才会有信心在自己年轻时延续和承担自己父母曾经的生活方式和责任,也才会有信心相信自己在年老时可以得到自己子辈的精心照料。王海娟(2016)通过实地调查认为,农民价值观念变迁已经成为一个不争的事实。这在微观层面是家庭理性化的结果,年青一代认为生养后代是父母天经地义的责任,不应该寻求回报。在这样一种观念影响下,子辈会在心中量化和计算父辈曾经的付出,作为是否回报和回报多少的依据,代际关系从责任伦理转向经济理性。而在宏观层面,农民价值观念变迁是农村现代化的结果,尤其是市场经济的持续冲击,使农民的生产和生活方式发生了极大的改变,人们更加注重现世生活的个体的主观享受,不愿意生养后代,更多的年轻人选择晚婚晚育甚至是终身不婚,农民以家庭为中心的传统生活方式逐渐消解,孝道文化淡漠，从根本上冲击了父辈权威。王海娟（2016）将这种现象概括为代际关系脱嵌化。

虽然社会转型弱化了家庭的经济重要性，社会观念的整体变迁进一步弱化了家庭中的长者权威，进而父母权威的降低弱化了家庭内的等级层次，但是家庭仍然是人们生活中的一个重要的组织性资源。在讨论中国城市家庭在"文化大革命"中的生活时，美国社会学家马丁·怀特和威廉·帕里什认为，城市中的家庭在面对政治动荡和经济崩溃时，反而表现出更强烈的内部团结。这种将家庭整体利益放在第一位的趋向使大部分家庭具有生活共同体的特点。此外，即便家庭组织可运用的资源不如以前，许多家庭仍然能够保持高度团结。因而，这说明父母权威的弱化不一定会降低家庭的整体性。这一结论显然与父母权威衰落导致夫妻家庭取代大家庭的论断不相吻合。这种差异的关键在于如何概念化作为社会群体的家庭。如果家庭被看作长者掌权、等级严格、子女受到严格控制的群体，那么父母权威的衰落会导致大家庭的衰落。但是，如果我们把家庭看作一个家庭成员共享的物质和精神产品，有着共同利益的社会群体，那么长者权力的衰落仅能说明家庭内部运作机制的变化。这两种对家庭的概念化都可以说是韦伯意义上的"理想类型"。前者强调代际的利益差别以及随之产生的紧张和冲突，后者则认为家庭的本质是家庭成员之间为共同的利益通力合作。无论是在过去还是在现在，具体的中国家庭都可以被认为是这两种类型的混合体。如果这一分析思路正确，就意味着家庭内部权力结构的变化并不一定导致家庭作为生活共同体的意义的消失，代际的权力分配仅仅是这一社会关系的一部分，代际的相互依赖并不会因为父母权威的衰落而消失（陈杰明，2010）。

在凡村，因为种种因素影响，联合家庭逐渐解体，主干家庭，而不是核心家庭，成为一种主要的家庭结构形式。联合家庭的解体主要采取渐次分家的形式，即在多子家庭中，按照儿子年龄从大到小，结婚一个即从家庭中分出一个。住房是分家的财产核心，男女双方缔结婚姻时，女方一般会要求有一处独立产权的住房，由村集体划分宅基地，男方父母为即将结婚的儿子建造新房。按照这样渐次分家的习惯做法，年老父母一般就由最小的儿子负责养老，于最小的儿子而言，就形成了主干家庭的家庭结构。即便在主干家庭之中，也表现为分爨式分家的模式，家庭中的核心关系从父子转向了夫妻。虽然在"家"的意义上，长者权力有所衰落，但是作为一个生活共同体，在生活互助与情感层面家庭的意义依然延续下来，形成了一种代际团结关系。Vern Bengtson 和 Robert Roberts 在探究美国家庭关系的状况时提出了一种代际团结模型，他们将代际关系分为六个维度，即联系的维度-互动的频率、结构的维度-住宅的地理距离、功能的维度-资源和支持的交换、感情的维度-情感和感受、一致的维度-观点的统一和规范的维度-共同的家庭规范（转引自阎云翔，2017）。

在凡村，这种代际团结关系首先表现在结构的维度上，而这种结构的维度直接影响了联系的维度。住宅的地理和空间距离决定了日常生活中"低头不见抬头见"的互动频率，北方农闲与农忙的季节性、周期性生活也决定了不可能一年四季早出晚归地不与邻居、同族人和同村人联系。即便一些家庭已经不再耕种土地，而是选择将土地转包给村集体或者其他村民，家庭成员靠打零工来维持家庭日常生活所需，这样的务工生活在北方也是季节性和周期性的，到了寒冷的冬天，几乎所有的工程都会停工。每到冬季，凡村人都会经常性地聚在一起喝茶、聊天、打牌，度过漫长的无事可做的闲暇时光。尤其是在家族中有年老的长者时，子辈们更愿意来到长者家中共同玩耍陪伴，这一方面探望了长者，另一方面也通过频繁的互动维系了血缘、姻缘的亲情。有了密切的互动，在个人、家庭彼此之间就会进行各种资源、信息和支持的交换，就会在村民个体之间和家庭之间产生情感和感受的联结，在功能的维度和感情的维度上实现代际团结。村落的闲谈和舆论在此时也就极大地发挥了必然会发挥出来的作用，即引导和规训着每个村落成员的认知和行为，形成较为统一的价值标准和行为规范，在一致的维度和规范的维度上实现代际团结。

第三节 夫妻关系：夫妻平权与对外交往中的家庭整体形象

在集体经济时代，集体劳动提供了聚在一起的场合，与传统农业社会中以个体农户作为生产单位相比，这种在劳动中的集合会给人们带来前所未有的不同感受，对于妇女尤其如此（郭于华，2003）。在个体农户的生产活动中，只有非常小规模的劳动互助，女性在日常的生产和生活中与家庭和家族以外的男性很少产生联系。而在每日的集体劳动和集体政治活动中会有一种欢聚的感受，同龄人之间、同性之间乃至异性之间的交往与互动前所未有地加强了。女性姓名使用的演变，与所有中国传统乡村社会一样，女人的称谓是附着于家庭的，出嫁的女人在娘家姓氏前冠以夫家姓氏，如称为"张刘氏""杨李氏"等，原来在娘家的名字多半不再使用，这是一个无名（nameless）化的过程（Watson，1986，转引自郭于华，2003），而在合作化运动中妇女参加集体劳动后，因为出勤记工、分配钱粮和政治活动的需要，婆姨们个人的姓名在集体活动中被频繁地使用，前所未有地成为个体性存在的表征。在改革开放、分田到户以后的日子里，婆姨们再度被称为"某某家里的"、"某某婆姨"、"某某娘"或者"某某奶奶"。在村子里面找人，如果你向别人打听"李玉珍"，多半会得到一脸茫然或相互打问"谁是李玉珍？"。通常只有村干部或者主管计划生育的妇女主任能告诉你谁是"得福婆姨"或者"二娃娘"。这种女性姓名使用的演变，经历了无名氏—使用个人姓名—再度无名化（家庭化）的过程，可谓社会变迁中女性存在状态改变的一种象征（郭于华，2003）。

需要注意的是，这种女性无名化的现象也是由于从夫居的婚姻居住方式，丈夫是村落中从小长大的，为村落中的人们所熟识，而嫁过来的新妇除了丈夫家中的亲属之外，其他的大部分村里人不知道其姓名是正常的，最为简单而直接的称呼就是"某某家里的"。在集体化时代，个体化的姓名确实出现了，这也只限于正式记录，日常生活中依然延续着传统的称呼方式。在分田到户之后，对个体化姓名的正式记录也不再被需要。但是农业劳动方式的终结、工资性收入劳动的出现和遍及则真正使个体化姓名的称呼方式成为重要的个体指代，一个重要的表现就是参与了工资性工作的女性不仅在日常称呼中恢复了个体化的姓名，在随礼活动的礼单记录中也不再填写家庭中男性户主的名字，而是填写女性的姓名，因为参与工资性工作所建立的人际交往圈是以该女性个体为单位的，周围人对其家庭的认知是以该女性为核心，在提起其家庭中的成员时，则会出现"某某丈夫"的称呼。在村改居之后的凡村，这一现象表现得非常明显。现在，在闲居的中老年人群中仍使用"某某老伴儿""某某媳妇"之类的指代性称呼，但是在参与工资性工作的中青年女性以及受教育程度相比中老年人群要高的年轻人中已经完全实现了以个体姓名相称呼的普及。这在一定程度上反映了女性以个体为单位的人际交往关系的建立，而不再是家庭的附庸。

计划生育的实施使独生子女家庭成为主流，这改变了原来从夫居的婚后居住方式，转变为依据具体情况选择居住地的夫妻独立家庭形式。小夫妻不再与公婆居住在一起，这使新妇在小家庭中能够更随意地表达自己对家庭事务的看法，更容易实现自己对小家庭应有的生活模式的预期。同时，与公婆分开居住在一定程度上改善了婆媳之间似乎与生俱来的紧张关系，婆媳之间关系的改善，或者说不再相互干预使小夫妻之间的交往减少了许多矛盾。与公婆分开居住也保护了现代小夫妻家庭中尤为重视的私人空间。

法国学者艾利斯引用了"公共家庭"和"私人家庭"的概念，指出现在具有的家庭观念是过去漫长历史中从来没有过的，其最主要的内容就是隐私观念。他认为，与传统社会的家庭是一个社会联系中心，是一些集合资本，是父辈权威下的等级社会相比，"现代核心家庭是一个专门的、内聚式的机构。它切断了与世界的联系，成为与社会相对的、孤立的亲子群体。所有的精力都用于帮助孩子在社会上立足，重视孩子的独立性，而不是家庭的共同利益"（转引自唐灿，2010）。虽然后来学者们普遍认为，核心家庭的隔离可能在早期被学者们过分夸大了，但是在对家庭内部关系的主要特征的认识上，学者们有着较强的一致性，这就是夫妇家庭的排外性，或者可表述为公共生活领域与私人生活领域的分离，以及对家庭内部情感和事物的专注和平等主义。

1959 年，在"Power and Authority in the Family"一文中，沃尔夫运用其对底特律地区调查所得的数据，建立了一个比较精确的家庭权力与权威模型（McDonald，1977）。次年，布拉德和沃尔夫扩展了沃尔夫在 1959 年建立的理论框架，并在《丈夫与妻子：动态的婚姻生活》一书中最早提出婚姻关系中的夫妻权力概念，以丈夫的职业选择、妻子是否外出工作、买什么样的汽车、是否购买人寿保险、闲暇时间的安排、买什么样的房子、生病选医生以及由谁决定家庭每周食品开销等作为测量指标（Blood and Wolfe，1960）。通过对夫妻双方的决策权力及资源占有状况的对比分析，布拉德和沃尔夫认为，丈夫和妻子的相对资源决定了他们的相对权力，即在夫妻双方中，受教育程度、职业阶层或者收入较高者在家庭决策中拥有更大的优势，这种资源理论在后续的关于夫妻权力的理论和实证研究中被广泛采用（Lauer and Lauer，2000）。

在村改居之前，凡村以农业生产为主要劳动方式和生活来源，农业生产为主的劳动方式决定了基本的劳动单位为家庭，决定了个体劳动以家庭的协同为基础，整个家庭的生产目标也成为个体劳动目标和活动安排准则。在农业生产为主的劳动方式下，个体收入成为一种隐性收入，收入的多寡以家庭而非个体为表现方式，生活水平的提高也是以家庭为单位。这种以家庭而非个体为基本经济单位的情况在学术研究中表现为，大部分关于阶层地位的实践研究是以家庭为最基本的分析单位，对家庭中女性的作用和地位置若罔闻。女性外出务工机会的增加，让女性可以参与到有薪工作中，工资性收入以个体为单位，工资性收入的实现和提高不仅提高了女性作为个体的生活水平，也在不同程度上实现了女性对个体生活方式的追求。在访谈中，许多女性被访者认为，相比过去的农业收入，她们在支配自己的工资性收入时拥有更大的自由和更小的来自丈夫反对的压力。

虽然资源理论得到了广泛认可，但是对该理论的批评也不绝于耳。其中，交换与权力理论试图对资源理论中显现的缺陷加以修正。交换与权力理论试图将交换从婚姻内部扩展到婚姻以外的社会系统，在更大的范围内考虑配偶所提供的资源的可替换性。Heer（1963）在布拉德和沃尔夫的研究基础上提出关于家庭权力的交换理论，这种交换理论的关注点不在于夫妻一方贡献的资源对另一方的价值，而在于婚姻外部资源的价值。根据Heer 的交换理论，丈夫贡献的资源对妻子的价值与妻子在婚姻外部争取到的资源对妻子的价值之间的差距越大，丈夫的权力越大，反之亦然。另一种对资源理论的修正来自相对的爱与需要理论，按照这种解释路径，夫妻中爱得较深和更需要婚姻的一方，由于担心配偶变心，往往更易顺从对方而失去权力，女性往往将婚姻作为自己的归宿，婚后在经济和感情上更多地依附丈夫，更需要守住这个家，因此有更大的概率放弃权力或者接受配偶的支配。赋予婚姻关系以及对方提供的资源以更高价值的一方将处于弱势权力地位，而付出较少感情的一方往往可以更加自由、更有效地控制和利用自身拥有的资源，从而占据优势权力地位（Safilies-Rothschild，1976）。

这两种对资源理论的修正理论同样在凡村得到了证实。女性参与到有薪工作中，其拥有的资源不仅仅是收入，还包括由其个人创建的关系网。在原来的农业劳动中，个人关系网的获得主要来自家庭，表现为血缘关系网的继承，女性与其丈夫的关系网基本上是重合的。有薪工作扩大了女性的个人关系网，她们在不同的工作环境中结识了更多的人，这些关系属于女性个体而不是家庭，关系网来源于个体业缘关系的创建而不是血缘关系的继承。这些独立的关系网为女性提供了更多来自婚姻外部的资源，当面对诸多婚姻中可能存在的不确定性时，关系网为女性提供了更多保障。正因如此，女性在婚姻家庭中就更加拥有表达自己想法和独立做出某种决定的权力。不仅如此，当女性拥有越来越长的交往半径和越来越多的个体关系后，在交往中就越来越能够以开放的心态接受新思想和新观念，这些新思想和新观念包括新的夫妻沟通方式和冲突处理方式，这些都使女性在婚姻和家庭中能够更好地表达自己的愿望和需求并得到丈夫的尊重。

除了上述两种来自资源理论内部的修正外，另一种来自外部的对资源理论加以修正的理论同样不容忽视，这就是文化规范理论。布拉德和沃尔夫在实证研究的基础上指出，作为传统父权制的一种替代因素，相对资源实际上已经成为现代家庭权力的唯一解释因素。这种观点遭到了许多学者的批评，其中，社会学家海曼·罗德曼提出了"文化背景中的资源理论"，认为夫妻之间的权力分配不仅取决于布拉德和沃尔夫所说的相对资源，还受到特定文化与亚文化中普遍盛行的夫妻权力规范影响（Rodman，1967）。这种对文化规范的分析更加强调文化和亚文化对权威认同、性别规范、宗教信仰和一般社会准则的影响及其对夫妻权力的影响。众多研究表明，妻子的资源增加即在经济上不依赖丈夫时，她们的家庭影响也随之增加，但是丈夫的资源增加则与其权力成反比，丈夫的受教育程度、职业层次和收入越高，越能接受平等的婚姻关系。也有研究表明，在西方较发达地区资源理论有较强的解释力，但是发展中国家更多地受到文化环境的影响，女权主义则更认同父权制文化规范对家庭权力分配的影响。

许多研究表明，父权制文化在中国传统村落文化中根深蒂固，但是市场化和商品经济的发展以及国家层面各种政策和法律的实施，从根本上改变了父权制文化在中国社会的基础。此外，现代媒体对女性权力的强调和提倡及其对大众生活的广泛渗透推动了女性个体化和夫妻平权化。但是，凡村村民已经接受了夫妻平权观念，为什么在行为上没有表现出来？原因在于一种集体习惯的惯性在没有外力的作用下很难被打破。在村改居之前，村民居住在独立的家庭院落内，院落的大门从早到晚都是敞开的，邻居之间相互串门的情况非常普遍，相互之间基本不存在任何隐私，在这样的交往模式中，受到传统父权制文化习惯的影响，丈夫要维护自己在婚姻家庭中的权力以避免周围人的嘲笑，而妻子也会自觉地降低自己在家庭中的地位以维护丈夫的脸面。这种父权制文化和集体习惯为对外交往中的家庭整体形象提供了合理性解释，家庭中的夫妻依照传统村落中的规范行事，可以得到包括他们本身在内的所有人的理解。在现实生活中践行这样一种传统性别规范，也会让他们在村落中更舒服地生活，因为这种行为方式符合所有人的期待。

除此之外，在凡村村民看来，核心家庭中的夫妻在对外时是利益共同体，夫妻之间的目标是一致的，都是服务于整个家庭的核心利益，每个人都需要在达成这一目标的过程中承担自己的家庭责任。此种家庭取向的夫妻在处理个人和家庭关系时，会把家庭整体放诸个人之上，而符合村落传统的、符合所有村民行为规范和期待的夫妻相处方式会得到更多人的认可，使该家庭在村落中赢得更好的家庭形象。基于以上原因，在更为私密的核心家庭内部和夫妻之间，夫妻权力关系向平权化转变，而在与核心家庭之外的其他凡村村民交往时，则心照不宣地展现出更加符合传统父权制文化特点的夫妻交往方式和家庭关系整体形象。

第三章 从"借"到"雇"：互助合作
与逐利的家庭

在对西方社会的人际关系变迁进行研究时，一种观点在学术界是非常流行的，并且在社会科学的几个不同分支学科中都有着很悠久的研究传统，这种观点是市场和商品经济的发展削弱了集体主义文化的价值观，诱发了社会群体成员人际关系变迁的社会现象。

经典时期社会学家的理论显示，工业化、城市化发展程度不同的地区，居民社会交往的取向是不同的：农村居民的社会交往呈现重复性、深交性和维持性，而城市居民的社会交往则呈现选择性、表面性和扩大性（张云武，2009）。市场经济改变了中国人际关系结构，传统的乡土社会、身份社会逐渐转向现代市民社会、契约社会（柴艳萍，2012）。对"货币"加以特别关注的西美尔（2000）曾经指出，货币经济的发展给作为货币拥有者的个体带来了极大的自由，货币使个体行动不再受到特定地域、特定利益群体的直接人身联系或交往的束缚。用吉登斯（2000）的话来说，货币是一种重要的"脱域"机制。

Adelman 和 Morris（1967）关于经济发展中的社会与政治因素的经典研究通过对跨国数据的分析发现，处于中期发展水平的国家通常有一个突出的特征，即这些国家无一例外地经历着社会转型，社会、经济与政治的现代化过程破坏了甚至完全消解了传统的风俗习惯和制度规范，传统的风俗习惯与制度规范没有被放置在一个能够维持和有效发展的路径之上。Arrow（1927）对市场的负面影响进行的描述是具有代表性的，"仅仅以交换为基础的社会交往途径久久地萦绕在敏感的观察者的脑海中，特别是从资本主义流行的早期阶段开始，在个体仅仅作为商品买卖者出现的社会中，共同体和社会团结的观念大大减弱了"（赵爽，2011）。Hirsch（1976）认为，在富裕的社会中，个体的相对经济、社会地位比绝对经济、社会地位更加重要，即当收入增加后，人们的地位变得更加重要。随着经济的发展，人们对地位关注的逐渐增加促进了人们之间的竞争并减少了人们之间的合作行为或参与的愿望。个体越来越关注个体利益，而群体期望和传统的共同体心态也逐渐消失。Triandis（1990）回应了 Inglehart（1990）在全球价值观调查中对价值观变化中个体化维度的研究结果，认为当社会变得愈加富裕时，群体生活的优势就变得不像以前那么明显，人们有自由去做自己的事情，最大化自己的快乐和自我实现，无须考虑如果不承担自己对群体的责任将会受到的惩罚，因此无须去做群体所期望做的事。Ball（2001）提出了一种理论来详细地讨论这种经济发展与群体合作之间关系的动态性发展，该理论关注了财富的增加或者经济的快速增长如何破坏群体合作的规范。

　　除了以上学者针对西方社会所做的研究以外，还有一些学者对东南亚社会所做的研究也体现了市场和商品经济的发展在推动社会人际关系变迁过程中的作用。在关于第三世界农民社会的研究中，村落社会的封闭和开放一直是讨论的中心。在针对农民的研究者看来，原有的农民社会是一个封闭的社会，而随着商品经济的发展，特别是农产品的市场化水平的提高，这种封闭的村庄被打开，向开放的村庄转变。农民学的两个主要流派，即道义经济论和理性农民论，尽管对农民社会的解释不同，但都承认这个过程。在针对东南亚小农的行为基础与社会的制度基础进行的争论中，道义经济论认为传统小农社会是通过共同的道义经济观与村社制度以合作的方式组织起来的，这种观点的代表人物是斯科特（Scott，1976），他对东南亚小农社会的分析强调共同的道义经济观、群体团结、旨在消除所有村民生存危机的共同习惯；而理性农民论认为，小农社会展现了理性个人甚至不惜牺牲村庄福利或共同体福利来争取个体福利的轨迹，这种观点的代表人物是波普金（Popkin，1979），他认为农民是经济理性主体，主要受个人利益驱使。尽管存在以上的争议和分歧，但是在论述经济发展与市场关系的出现对农民社会的影响时，两个极富洞见的学者殊途同归：在描述了生存伦理的主要构成及其相应的社会制度之后，斯科特探讨了从传统乡村社会过渡到现代农村生活的历史发展过程，在传统乡村社会，村社规范与再分配制度能够保证穷人的生存需要，而在现代农村生活中，现代国家与商品经济已经瓦解了这种道义经济——既瓦解了体现道义经济的制度，也瓦解了支撑这些制度的价值观念。波普金认为，农村制度与管理具有相当强的可塑性，很容易让位于一套新的社会力量和经济力量，农村的习俗、制度以及惯例在面临经济环境与社会环境的大规模变化时，几乎发挥不了约束作用，个人在新的环境下追求私人利益与家庭利益的过程中，会改变习俗与制度。李丹（2008）在对关于东南亚社会的几个研究进行总结时指出，国家经济的发展弱化了传统乡村社会内公认的价值观念，这些价值观念不能再通过约定俗成或共同体来加强合作。

延续了以上学者对其他社会的研究，一些学者对中国社会的研究也得出了相似的结论。阎云翔（2006）在考察一个中国北方村落内的私人生活变革时曾经注意到，20世纪80年代初以来，个体由市场的力量所驱动，离开他们的家庭、亲属群体、社区或者工作单位而投身于未知的市场竞争之中，而且正因为如此，他们必须为他们自己和自我发展承担全部的责任。市场经济的价值观、商品生产的方式，以及全球性的消费文化等，成为推动社会变革特别是家庭变迁的主导力量，使中国家庭的发展趋势与西方日益接近，"看不见的手"在促进流动方面发挥了决定性的作用，因为市场需要自由和流动的劳动力，流动机会的增加使个体能够打破并远离社会群体的约束并在一个新的社会背景下找到其自我发展的方式。杨美慧（2009）在研究中国社会的人际关系时注意到，随着商品经济的发展和对利润的追求，金钱交易也不断侵占关系交换的领域。关注金钱得失的关系不再顾及人情，金钱的出现必须与最初的得与失的计算、手段和目的的计算、交换中的人与人之间社会距离的远近联系起来。不仅如此，建立短期关系的倾向也被认为是非人情化的金钱关系，它在人情的范围之外运作。友谊语言、相互义务和帮助以及关系这些构成20世纪80年代中期的活动，现在已经转变为用金钱补偿劳动和服务的新形式。尽管"亲密"是关系交换的最初部分，在许多情况下，以钱支付已经撩开了友谊语言的面纱，成为明确的物质利益的交换。市场势力进入以后，中国社会社交关系的改变和强大的金钱文化复苏可以被看成一个双重的运动，首先，非人情化的金钱开始替换由原先富有感情的礼物和回报所建立的关系；其次，与此同时，关系、礼物、好处以及社会地位都具有了金钱替代品的特点。

曾经，许多人将传统村落文化视为对以自利观念为重中之重的现代市场经济发展的有力抵抗。但是，一个同样不可否认的事实就是，村庄的大量存在总被认为与现代社会不相称，而市场力量对于村庄的敌意也几乎不会改变,冲击几乎不可能停止,这种状况及其性质在韦伯和波兰尼那里有很充分的解释(毛丹,2010)。我们知道,现代市场经济不等于资本主义,但资本主义是最典型、最完整的现代市场经济。所以,资本主义进程至少表明,现代市场经济所期待的制度设置、精神要素,在各种细节上都与村庄的运行传统、结构、制度处在不同轨道上,如果两轨相并或者交叉,不可能不对村庄的经济和社会产生否决性的冲击(韦伯,2004)。而波兰尼则证明,资本主义市场力量不仅要求把货币、土地、劳动力都变成可以自由交易的商品,而且要求经济从社会中脱嵌,要求一切社会制度都转向适应营利目标、效用原则,以便把社会变成市场社会(波兰尼,2007)。按此要求,土地必须从农民手中剥离,农民必须作为自由劳动力个体从农户和村落共同体中分离,至多允许农户与村落共同体分解成经济合作体,并成为市场里弱势的一员。因此,如果在社会保护、国家保护方面没有比资本更加强大的力量,市场力量断然不会放弃对农村社会特别是村落共同体的瓦解,虽然瓦解途径多样,有些在表面上似乎和缓,或者显得与市场力量没有直接关系。

对市场力量而言,瓦解村落共同体和农户家庭共同体是必需的,甚至是决定性的条件,因为无法设想共同体可以像自由劳动力个体一样便于在市场交易——例如,廉价购买一个农民工的劳力时顺便拖家带口购买或照顾好他的全家,也无法设想这些自由劳动力个体进入市场、工厂后,继续奉行村落共同体成员的原则和规范,使共同体规则影响或取代效用最大化原则(毛丹,2010)。为此,市场力量不仅需要切断劳动者与原共同体的联系,"以便能够作为工厂日后的员工而被重新调派"(鲍曼,2007),而且需要釜底抽薪,彻底摧毁共同体及其规则。鲍曼曾不失历史感地勾勒了资本主义市场力量反对和瓦解共同体的策略、进程和后果,并进一步认为这产生了两个显著的社会结果。一是形成了个人化的社会以及虚假的全球化社会;二是共同体破碎化后,除市场权贵声称不需要共同体之外,人们为了恢复共同体体验和获得确定性,重新轻率地期待共同体,但这显然已经成为"一种延误了的努力"(鲍曼,2007)。

韦伯、波兰尼和鲍曼共同提供了一条线索:市场力量在农村的冲击焦点是村落共同体和次一级共同体农户家庭,目的是把农村劳动力和土地全部纳入作为价格形成系统的市场,接受资本的统治(毛丹,2010)。而且,市场力量对共同体的敌意和瓦解,虽然采取解放农村自由劳动力的激进姿态，但并不能遮掩它是要求经济从社会脱嵌且以市场自由规则支配社会的组成部分，使劳动力脱离家庭和乡村是为了让他们扮演两个角色：为资本主义生产廉价商品、作为廉价劳动力本身。正是这种要求使市场力量在本性上不会放弃对村庄社会的冲击。应该说，面对市场力量的冲击，已经没有多少人会认为村庄可以不变化、不适应、不转型。地方性自治实体和共同体意义上的村庄显然很难抵抗不同寻常的市场力量（Day，2006；毛丹，2010）。

第一节　公社企业转包与个体户出现

市场化既是一个动态的概念，又是一个静态的概念。前者是指在经济运行中市场机制对资源配置的作用越来越大，经济对市场的依赖程度不断加深的过程；后者是指以市场机制为基础配置资源的一种经济形式（蔡立雄，2009）。

近年来，许多研究者对中国市场化水平进行测度，虽然各研究结论并不一致，但从中可以得出一个基本结论，那就是中国市场化水平整体呈上升的趋势（蔡立雄，2009）。蔡立雄（2009）在总结多位学者对农村市场化的测度方法后给出了较为详尽和精确的对农村经济市场化进行测度的各项指标，但是在将其应用到实际的村落中去时，在某些指标上就会显示出与实际不相匹配的情况。关于如何更为切合地衡量具体村落经济市场化水平，蔡立雄（2009）提出五个观察维度：收入来源多样化；有组织的生产；劳动力的节约与生育意愿的下降；就业结构与人口迁移；乡镇企业融资来源的变化，家族主义的经济价值随着经济市场化水平提高而下降。

施坚雅（1998）通过对中国农村的市场和社会结构加以详细的研究，指出市场分布和交易行为方式的基本变化为现代化进程提供了一个综合性指标。从市场的各种形式、集期安排、商品交换的频率与丰富程度以及各种不同规模的市场距离居住点的远近等方面可以看出该居住点参与市场的深度以及商品经济的繁荣程度。毛丹等（2008）提出从六个维度来观察中国农村经济市场化的发展水平：农产品购销模式的转变与影响；乡村的工业化进程及其市场能力提升；市场化进程与村庄集体经济；农户经营结构的变化；劳动力的市场化；国家对农村的公共投入。

无论是蔡立雄、毛丹还是其他对中国农村市场化水平加以研究的学者，在对中国农村市场化和商品经济发展的起始阶段进行定位时，都一致认为是从 1978 年的改革开放开始的（朱辉进、邱强，2019）。在这之前，中国农村一直处于集体主义时代，没有市场经济的发展和渗透。凡村也不例外。从 20 世纪 70 年代末期开始，市场化和商品经济发展的历程在凡村踏出了第一步，这可以从这一时期凡村原公社企业转包给个人的现象的广泛出现中看出端倪。

图 3-1 是 1978 年凡村大队与承包代销店的承包者订立的合同。在合同的起始部分就点明是为了"落实党在农村的各项经济政策"以及为了"加强经营管理，方便群众"。在合同的具体四项条款中，虽然依然留有集体主义时代思想的痕迹，如依然强调"贫下中农"的阶级成分，但是条款内容所体现出的"自负盈亏"以及"自由雇工"两点则已经完全符合市场经济环境下私人企业的基本条件。

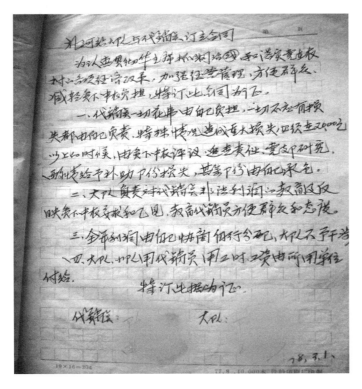

图 3-1 1978 年凡村大队与代销店订立的合同

资料来源：凡村村社资料。作者摄于 2012 年。

图 3-2 是 1980 年凡村大队以村队的名义向工商管理所提交的在凡村建设一个饭店（同时配备三间旅店）的申请，以及凡村大队以村队名义向工商管理所申请在凡村开饭店和旅店的营业执照的申请的附表。表中事无巨细地列举了饭店炊具备料的品名、数量、单位、单价和金额。虽然这份申请是以村队的名义提交来申请营业执照的，但是从图 3-2 凡村饭店申请中所附的转包给个人的饭店炊具备料明细表以及饭店营业执照申请下来后的实际情况来看，该申请是个人先有了在凡村开饭店和旅店的要求后，向村队领导提出，再由村队领导以村队名义提交的申请。申请获批后就直接转包给了个人。

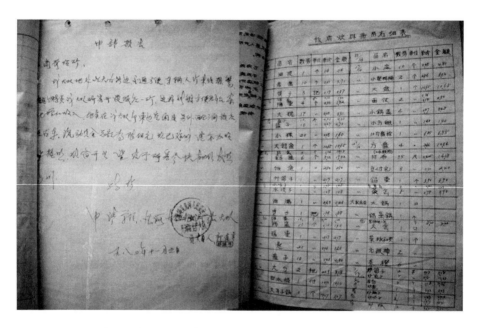

图 3-2 1980 年凡村大队建设饭店的申请报告所附的转包给个人的饭店炊具备料明细
资料来源：凡村村社资料。作者摄于 2012 年。

图 3-3 是 1983 年凡村大队将村卫生所和果园转包给个人的合同书。卫生所承包合同书起始处便写到"为了落实各业承包责任制，……将卫生所由原来大队付工资改为专业承包、自负盈亏"而订立本合同。合同书中已经开始使用正式合同中甲方、乙方的称呼，并具体规定了承包合同的起始时间、承包人、原来卫生所的房屋和器具借用过程中的权利义务以及整个承包期间甲方与乙方的具体权利义务。

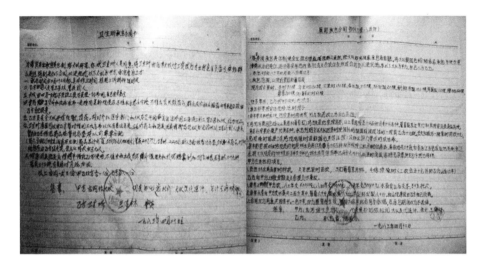

图 3-3　1983 年凡村大队将卫生所与果园转包给个人的合同书

资料来源：凡村村社资料。作者摄于 2012 年。

与卫生所承包合同书相同的是，果园承包合同书起始就明确提出为了"落实各项承包责任制，使企业扭亏增盈，减轻群众负担……"，将大队果园承包给某某某，而特订立此合同，以明确承包期间甲方乙方的各项权利义务。在合同的具体条款中详细地规定大队与承包者的各项权利义务。在这份合同书中，可以看出承包时间是从 1983 年 4 月到 1985 年 12 月。1984年 1 月，《中共中央关于一九八四年农村工作的通知》要求，将土地承包期延长到 15 年以上，生产周期长的和开发性的项目，如果树、林木、荒山、荒地等，承包期应当更长一些（毛丹等，2008）。因此，这份合同在承包期满后续签了合同，将承包期延长为 15 年。文件也考虑到农户无力耕种承包土地或转营他业的情况，允许土地转包，从而解决了家庭劳动力不足或有些农户从事非农产业而造成土地荒芜的问题。

上文中罗列的几张图是在改革开放初期凡村将村队企业集中转包给个体经营的合同书。关于从 20 世纪 70 年代末到现今凡村的市场化和商品经济发展水平则需要在不同的观察维度下对各个时间的具体情况加以比较。

表 3-1 是凡村 1970~2020 年每隔五年的人口基本资料变化情况。从表中可以看出，凡村总人口 1975~1990 年呈现降低的趋势，在这段时间中总

人口之所以减少，是因为国家计划生育政策在这段时期内的开展和普及。但是与总人口减少呈现相反趋势的是，1975～1980 年凡村总户数呈增加趋势，这或许是因为这一时期在家庭联产承包责任制的实施过程中，许多联合家庭和主干家庭分家成为各自独立的主干家庭和核心家庭。其中还需注意的是，2005～2020 年总人口变化和总户数变化的对比中可以知道，总户数的增长远远高于总人口的增长，这是因为 2005 年底凡村村改居工程的实施，在这一过程中，许多主干家庭分解为核心家庭。1970～2010 年凡村农业人口数的变化趋势与总人口的变化趋势相一致。凡村除了知青下乡的一段时间非农业人口数有所增加外，其余时段的数量没有大的变化，这是因为凡村人以农业生产为主，外出务工是季节性的，且选择在较近的范围内，因此不会选择将农业户口转为非农业户口。2010 年凡村已经完全没有非农业人口，这是因为村改居过程中只有拥有凡村农业户口的人才能拥有分得楼号的资格。虽然仍旧有这种情况，即夫妻两人中一人有凡村农业户口，一人属于非农业户口，但是因为不再有像原来那样涉及这部分非农业户口人群的村中事物，所以一般不将这部分人纳入凡村人加以考虑。

表 3-1　1970~2020 年凡村人口基本资料

年份	总人口（人）	总户数（户）	农业人口数（人）	非农业人口数（人）
1970	1062	238	1049	13
1975	1217	240	1171	46
1980	1107	256	1036	71
1985	1076	194	1014	62
1990	1063	215	1013	50
1995	1076	275	1039	37
2000	1082	308	1046	36
2005	1096	315	1059	37
2010	1166	452	1166	0
2020	1118	420	1118	0

注：2015 年数据缺失。

资料来源：根据凡村村社资料整理。

表 3-2 是凡村 1975～2005 年每隔五年各类农作物播种面积的变化情况。从表中可以看出，凡村小麦、高粱、薯类的种植都是人民公社时期的集体

栽种，人民公社解散以后就很少种植，渐趋消失。在 2000 年以前水稻种植面积基本不变，这是由于水田的灌溉区域不变（水田与旱地的植物生长要求有差异，在凡村每年春季到了水稻栽种的时候会统一用水泵抽水以灌溉，因此水稻的栽种面积很少会有随心所欲的变化）。2000～2005 年水稻种植面积的下降是由于在此期间哈大高速公路的修建征占了一部分村中的水稻耕种田。玉米的种植主要是为了家中大牲畜的喂养以及炊火取暖所需的燃料，也有部分家庭选择出售。大葱是从 1990 年开始普遍种植的经济作物，大葱的栽种价值主要体现在农户现金收入的增加上。在这一时期，粮食价格和国家粮食购销政策的变化体现了市场的导入对农业生产结构的影响，农业的市场化与商品化所带来的非粮食作物的多元化也直接导致了农业生产结构的变化。

表 3-2 1975～2005 年凡村各类农作物播种面积

单位：亩

年份	年末总耕地面积	粮食作物面积			经济作物面积			
		水稻	玉米	小麦	高粱	薯类	大豆	大葱
1975	3321	726	580	70	1116	35	540	0
1980	3093	766	1140	73	150	27	564	0
1985	2995	766	1457	2	250	80	295	0
1990	2934	766	1618	0	40	0	300	150
1995	2820	726	1374	0	70	0	50	230
2000	2786	710	1611	0	15	0	180	232
2005	2453	640	1312	0	0	0	200	260

资料来源：根据凡村村社资料整理。

表 3-3 是凡村 1975～2005 年每隔五年的村落经济收益情况。从表中可以看出，凡村在 1995 年之前的总收入呈稳步增长态势，但是在 1995 年达到顶峰后开始下降，与此相对应的是，农业收入中的村办农副业一栏以及副业收入中的运输业变化趋势与总收入变化趋势相似。考虑到凡村的实际情况，这一变化趋势是可以理解和加以解释的，这是因为 1995 年后村办粮食加工厂和水磨石厂倒闭，厂房卖给了外来人口，粮食加工厂的厂房拆除后在原址上建了饭店，而水磨石厂的厂房则成为一个做建筑业的商人的库房。

1975~1995 年的 20 年间，农业收入一栏中的农产品收入和畜产品收入都是稳步增长的，这得益于国家的惠农政策。在 2000 年之前凡村的经济收入来源中外出劳务收入一项为零，2000~2005 年外出劳务收入又是下降的，这与全国外出劳务的热潮现象似乎相左。一种可能的解释是，2000 年外出劳务收入的增加使村内的商饮业的收入下降，因为在村内率先参与市场经济的人正好也是顺应市场经济趋势率先迈入更大市场的人，而 2005 年底村改居工程的实施使这些参与到外出劳务大军中的人回到村落中处理村改居过程中的各项事务。在表中，不可忽视的是，凡村总体收入的快速增长，联系 1978~2006 年全国农村家庭人均收入的变化趋势，可以看到凡村人均收入的增长速度高于全国农村家庭人均收入的增长速度。

表 3-3　1975~2005 年凡村经济收益

单位：元

年份	总收入	农业收入			副业收入				外出劳务收入
		农产品	畜产品	村办农副业	建筑业	运输业	商饮业	服务业	
1975	236313	215026			14176				—
1980	391595	304332			80637				—
1985	1040510	443762	136550	2110	65250	271250	20100	6100	0
1990	3418350	711200	231500	106000	365900	513000	248000	16600	0
1995	8759740	1817900	845600	4550000	599730	592160	191300	9000	0
2000	6953343	1454833	2413300	114650	2117400	499160	98500	9900	315800
2005	7963235	1791489	2553200	96500	2766300	433746	167000	33600	165000

资料来源：根据凡村村社资料整理。

　　无论是表 3-2 中作为主要经济作物的大葱的种植面积的增加还是表 3-3 中农产品收入、畜产品收入的增长都是与全国市场化和商品经济对农村的渗透趋势分不开的。1978~2001 年，中国第一产业从业人员占全社会从业人员总数的比重下降了 20 个百分点以上，在 23 年里，中国第一产业从业人员比第二、第三产业从业人员少增加 1.6 亿多人，第一产业从业人员比重从 1978 年占绝对优势的 70.5% 大幅下降到 2001 年的 50.1%，平均每年下降 0.9 个百分点。农、林、牧、渔业在农业增加值中的比重由 1991 年的 63.7%、5.5%、22.3%、8.5% 变为 2004 年的 55.7%、4.3%、28.1%、9.8%，农业中粮食和棉花的种植面积自 1983 年以来呈下降趋势，而比较收益相对较高的水果、蔬菜的种植面积大幅上升。1965~1978 年 13 年间农民人均纯收入仅增加了 26.37 元，而实行改革后的 6 年间，收入就增长了 176.2 元，净增加一倍多，表明劳动力和土地的相对价格或收益有大幅增长。从居民收入来源来看，1978~1983 年，从集体得到的收入呈下降趋势，而从事家庭副业的收入大幅上升，副业收入的提高既是市场化的结果，也是市场化发展的重要表现，市场化使农民在相对价格的引导下从集体的强制中解脱出来，对生产经营有了更多的自主权，从而使收入及其构成发生了重大变化（蔡立雄，2009）。

　　表 3-4 是凡村 1975~2005 年农业承包合同数目变动情况。从表中可以看出，1980 年属于集体主义经济时代，因此没有所谓农业承包合同。从 1985 年开始农业承包合同签订份数呈增加趋势。凡村土地的承包分为两种情况。一是集体土地的承包，每年春节前村委会都会广播通知有意承包村社土地的村民在同一天集中到村委会，实行对村社土地的竞价承包，根据土地的肥沃情况和每年平均的打粮数定出基价，再由村民中出价较高的人获得村社土地的承包权。二是私人土地的承包，这也基本上是在每年的春节前，村中的大户会到那些有意将土地转包出去的农户家中商量下一年的土地承包事宜。一般情况下，村民根据土地的肥沃情况和每年平均的打粮数都会在心中定下一个基本的承包价格，再根据每年土地承包价格的市场走势略有增减。但是，私人土地的承包中一个需要注意的情况是，很多私人土地的承包是口头定下的协议，并没有正式的合同文本，这就需要考虑人品和人际信任的问题。在凡村确实出现过这样的事件，1998 年夏季，降雨量大使河水涨得厉害，本来在河湾处的产粮很好的土地被河水淹没了，导致当年的粮食产粮下降，有一个承包土地的村民就不愿意也没有按照之前议定的价格给付承包费，虽然很多村民对承包者的行为嗤之以鼻，但是因为没有正式的合同，所以将土地转包出去的村民就吃了亏。因此，很多选择将土地转包的人也会为了避免这种情况的发生，有时宁愿获得少一些的承包费而选择将土地转包给可以信任的人，或者是之前就有承包关系而且信誉良好的人。在凡村，有不少村民选择专门经营副业，如大规模肉猪或家禽的饲养，或者专门从事运输业或建筑业，他们多选择将土地转包出去。在村改居之后就不再有土地承包这种情况了。

表 3-4　1975~2005 年凡村农业承包合同数目

单位：份，个

年份	农业承包合同签订份数	义务工数	劳动积累工数
1975	—	—	—
1980	—	—	—
1985	210	5300	0
1990	276	3300	0
1995	269	3080	5775
2000	301	3320	6225
2005	315	0	0

资料来源：根据凡村村社资料整理。

市场经济的发展及其在农村的扩散是一个客观历史进程，受原制度约束的土地和劳动力等生产要素价格与市场高级化条件下的生产要素价格形成显著的对比，这种相对价格差的存在推动农村土地产权制度和生产经营制度进一步发生变迁。产权越完整，商品的市场价格越高，也越容易商品化；产权越模糊，交易成本就越高，商品价格越低，不具有产权的物品没有市场价值，这是产权经济学的基本原理（蔡立雄，2009）。因为土地的产权模糊，土地经营权缺乏市场化能力，土地价格低下；反过来，由于劳动力的产权清晰，市场化相对容易，当农民从事非农产业或外出务工的收益与从事农业的收益差距够大时，农户就放弃对土地的经营，土地产权的模糊性使土地经营权转让的交易成本甚至高于土地本身的转让价格，此时土地的交易价格为零，所以农户转行往往意味着土地抛荒。尽管法律上还禁止土地自由转让，但从 20 世纪 90 年代开始，民间私下之间已经开始在小范围内转让了，据农业部统计，1994 年全国农村转让转包土地 63.68 万公顷，占承包面积的 0.7%（方向新，1998），法律上对这一行为进行初步确认是 1993 年颁布的《农业法》，但直到最近几年对土地自由转让的限制才在较大程度上被解除。

表 3-5 是凡村 1975~2005 年每隔五年的畜牧业生产变动情况，其中 1975 年大牲畜和肉猪的饲养是生产队集体完成的，1980 年和 1985 年肉猪是

出售给国家。从表中可以看到，凡村大牲畜的饲养数量在1985年达到顶峰，之后迅速下降，这可以认为是在家庭联产承包责任制实施之后，生产队的大牲畜被分发到农户手中，但是因为独立的农户分到的大牲畜畜力无法满足农业生产的需求，一些有能力的农户就购置了一些大牲畜。随着机械种植和化肥的普及，不再需要大牲畜耕地、拉脚和积攒农家肥，大牲畜在农业生产中发挥的作用越来越小，饲养量也就随之下降了。而凡村年末肉猪出栏数和家禽饲养数都是呈上升趋势的，这与农村市场经济发展所要求的收入来源多样化的趋势相符合。

表3-5　1975~2005年凡村畜牧业生产情况

单位：头，只

年份	年末大牲畜数	年末肉猪出栏数		家禽饲养数
		出售头数	自宰自食头数	
1975	88	118	49	—
1980	111	220	209	—
1985	142	205	76	8143
1990	86	138	15	14521
1995	70	275	110	60925
2000	45	592	155	135000
2005	26	652	105	123500

资料来源：根据凡村村社资料整理。

第二节　农业机械化、副业发展与公共服务完善

在村改居之前，凡村村民主要的经济活动分为以下几个方面：农产品种植与收获过程中的商品交易、家禽与家畜养殖与收获过程中的商品交易以及日常生活用品的交易。在农产品种植过程中，种子与化肥等农业用品是从私人手中或者农业供销合作社购买，农产品收获以后就囤在家里修建的仓库中，到了秋冬两季就会有收购农产品的生意人上门收购，所出的价

格达到了农民的要求就会当场售出，以现金交易。而在种植过程中，无论是耕种过程还是收获过程所用的机械都是从本村的个体经营农用机械户雇用，按照所耕种土地的面积在秋收之后累加所使用的机械费用来交付现金。凡村的家禽与家畜养殖大部分是以营利为目的的饲养，无论是禽畜幼崽的购入、精饲料的购买还是禽畜产品的出栏都是与固定个体经商者或企业进行购销合作的，其中，禽畜幼崽的购入和精饲料的购买可以先赊购，等到禽畜产品出栏时一并折算，然后将差价给付到饲养者手中，在这一过程中实现了基本的产业链条。由于凡村家禽饲养数逐年快速增加，在凡村甚至出现了专门的"抓鸡队"。在这之前，家禽养殖专业户每到家禽出栏时都要找邻居来帮忙抓家禽，这个活虽然不累，但是很脏，每次帮忙过后，主人家都要为帮忙的人提供很丰盛的酒席，即便这样，还是觉得欠了人情。在专门的"抓鸡队"出现之后，家禽养殖专业户只要付出一定的费用就可以顺利地完成家禽出售的任务，又不用麻烦地准备酒席，也不用感到欠了人情。从这里可以看到，当市场经济发展到一定程度时，就会自发地出现农户的自组织，农业经营的组织化程度就会提高。

表3-6是凡村1975~2005年每隔五年的农业生产中机械使用的变动情况。从表中可以看出，在30年的时间中，凡村农业生产中的机翻面积并没有大的变化，而机播面积和机械中耕面积则出现了较大的变动。机播面积在实施了家庭联产承包责任制之后的一段时间为零，而后出现了大量的增加，考虑到凡村旱田的总面积，可以看到到了2005年基本实现了所有旱田的机械播种。这是因为在实施家庭联产承包责任制之前，村社中有一台播种机，在实施了家庭联产承包责任制之后，该播种机留在队社中只用于完成少量的社队土地的播种任务，而单个家庭没有条件自购播种机，只能选择人力播种。在2000年后，凡村个别有条件的家庭购买了播种机，其他家庭可以付钱雇用播种机来播种。机械中耕的农业生产流程在1995年后消失，机械中耕是为了农家肥的效力更好地发挥，化肥的使用和普及使此道农业生产工序被省略。无论是机播面积的增加还是机械中耕面积的消失都可以看作农民为了更好地解放劳动力，投入第二和第三产业中去，以获得更多的家庭收入。

表 3-6　1975~2005 年凡村农业现代化（机械化）情况

单位：亩

年份	机翻面积	机播面积	机械中耕面积
1975	2550	—	—
1980	2210	380	430
1985	1770	55	160
1990	2700	0	240
1995	2710	0	0
2000	2600	600	0
2005	2600	2150	0

资料来源：根据凡村村社资料整理。

表 3-7 是凡村 1975~2005 年每隔五年的农业主要物资消耗情况。其中，农药施用量变动不大。氮肥使用量增加，磷肥使用量的减少是因为复合肥使用量的增加。农家肥主要用于水田。

表 3-7　1975~2005 年凡村农业主要物资消耗情况

单位：吨

年份	农药施用量	氮肥使用量	磷肥使用量	复合肥使用量	农家肥使用量
1975	—	4.4	17.5	—	7966
1980	—	13.14	67.5	—	8108
1985	1.05	98.5	124.5	0	8300
1990	1.9	53	22	20	7980
1995	1.75	94	0	29	7330
2000	1.3	115	0	35	7750
2005	1.5	116	0	75	0

资料来源：根据凡村村社资料整理。

表 3-8 是凡村 1985~2005 年每隔五年的多种经营生产及各类专业户数目的变动情况。从表中可以看到，凡村多种经营生产及各类专业户单项数目和总数分别在 1995 年和 2000 年达到顶峰，在 2005 年又有所下降。其中需要关注的是，蔬菜大棚瞬间大量出现又迅速减少，这是因为在此期间高

速公路的修建和投入使用进一步改善了交通条件，使外地蔬菜大量涌入，以及 1998 年洪水造成大量蔬菜大棚的损毁。另外，2003 年 102 国道的加宽工程使国道旁的许多经营户拆迁，停止了经营活动。

表 3-8　1985~2005 年凡村多种经营生产及各类专业户数目

单位：个

年份	蔬菜大棚数	种植业	养殖业	运输业	餐饮业	草编业	加工业	服务业	建筑业	总数
1985	0	3	10	15	6	3	5	0	7	59
1990	0	28	16	30	8	4	5	2	26	119
1995	27	42	49	9	11	4	5	4	16	167
2000	13	45	58	34	8	2	2	2	12	179
2005	5	11	34	22	7	1	2	4	21	107

资料来源：根据凡村村社资料整理。

表 3-9 是凡村 1985~2005 年每隔五年的现代家庭大件用品拥有数目的变动情况。从表中可以看到，1985~2005 年，凡村的现代家庭大件用品拥有数目呈现逐年增加的趋势。表中的数据截止到 2005 年，实际情况是，在 2005 年底的村改居工程完成后，凡村搬迁户中彩色电视机、电冰箱、洗衣机、热水器已经实现了普及。轿车与电动车的数量大量增加。在年轻人的家庭中家用电脑也基本实现了普及。现代家庭大件用品拥有数目的增加带来的不仅是凡村村民生活舒适度的提高，同时也让他们在心理上进一步向市民身份的自我认同靠近。

表 3-9　1985~2005 年凡村现代家庭大件用品拥有数目

年份	轿车（辆）	各型摩托车（辆）	自行车（辆）	彩色电视机（台）	电冰箱（台）	洗衣机（台）	热水器（台）	液化气罐（个）
1985	0	1	160	120	4	87	0	1
1990	0	1	178	142	6	98	0	10
1995	1	8	211	177	11	108	7	140
2000	5	28	249	230	13	109	9	180
2005	6	61	619	307	22	110	28	302

资料来源：根据凡村村社资料整理。

除了上面表格中具体列举的几项观察维度的变化趋势之外,关于凡村市场的发展还需要加以特别提及。凡村在征地与搬迁之前,村里有五个小型的百货商店,它们都是以个体住家为经营地点,也就是村里人所说的小卖店,位于从村中南北穿过的国道两侧,这样就方便了村东与村西的居民就近购买日常杂货与生活用品,打发家里的小孩去买东西时也不用担心过马路的危险。小商店经营的各类生活用品多而且全,食品类主要包括蔬菜、水果、鱼、肉、熟食、小吃以及各种调味料,日用品类则包括牙刷、毛巾、卫生纸、袜子、手套等农民日常生活中所需要的"小东什物",除此之外,还有不少农业耕作用具也可以在小商店中找到。而除了这种几乎可以被称为24小时全天候开业的小商店外,在距离凡村不到两公里的邻村每隔三四天就会有集市。在施坚雅所做的关于中国农村市场的研究中,给予了这种"基层市场"特有的重视,施坚雅指出,传统时代后期,市场在中国大地上数量激增并分布广泛,以至于实际上每个农村家庭至少可以进入一个市场。市场无论是作为在村社中得不到的必要商品和劳务的来源,还是作为地方产品的出口,都被认为是不可或缺的。基层市场是一种集市,这是一种农村市场,它满足了农民家庭所有正常的贸易需求:家庭自产不自用的物品通常在那里出售,家庭需要又不自产的物品通常在那里购买。基层市场为这个市场下属区域内生产的商品提供了交易场所,但更重要的是,它是农产品和手工业品向上流动进入市场体系中较高范围的起点,也是供农民消费的输入品向下流动的终点。对凡村村民来说,这种集市的存在也是不可或缺的。集市上所经营的商品不仅囊括了所有小商店中出售的货物,而且更为新鲜,品种也更加多样。除了这些商品以外,集市上还有服装、布料、棉花等小商店中没有出售的商品。小商店与集市的相互补充已经完全能够满足凡村人日常生活中的基本需求。除了这两种"基层市场"之外,凡村人还可以到市区购买所需物品,凡村距离市中心商业区的距离仅为10公里左右,且交通十分方便,能够直接从村口到达市中心商业区的公交车每间隔10分钟就有一趟,票价为两元,这种便利的交通条件为凡村人经常去市区购物提供了方便。

在村改居之后,凡村人不再参与农产品和禽畜产品的交易活动。虽然在新区内也有本村人利用自住房屋经营的小商店,但是,这时的小商店已经不再是凡村人购买生活用品的必去之处,村民只是在临时想起需要急用什么商品时才会选择去小商店购买。随着新区周边生活设施的逐步完善，在新区已经有大型超市两处，饭店、旅店、水果和蔬菜专门店多处。每天清晨和傍晚在两个大型超市的周围还有早市和夜市，早市和夜市上售有蔬菜、水果、肉类、水产类以及各项基本的家庭生活用品，甚至还有服装和打工者可能用到的工具。

通过上文中对村改居前后小商店和集市等情况的比较可以看到，原来村落中的商品交易是在熟人之间完成的，各个小商店的经营者也相互熟识。因此，购买者与经营者之间的商品交换带有特殊的期待，一般购买者会选择距离自己家最近的商店进行购买，如果绕过该商店而去了别家，就会被该商店的经营者认为破坏了购买者与经营者之间的关系，即便没有，也至少给该关系蒙上了一层阴影。在村改居之后，由于陌生人流动的增加以及周边大型商品市场的接连建设和投入使用，凡村人与陌生人之间的商品交换成为一种可能且必然的情况。商品交易中商品和售卖者的可替换性消除了从前熟人商品交易中隐约的义务性。

市场力量对农村社会特别是村落共同体的瓦解途径多样，有些在表面上似乎和缓，或者显得与市场力量没有直接关系。例如，交通事业发达，加速了社会人口流动；大众传播发达，影响了价值观念；工厂制度发达，改变了社区生活方式；科层制度发达，改变了地方社区关系。这些都严重影响社区结构，导致社区的疏离和衰落，包括农村社区。类似的重大影响因素显然还包括全球化、网络化等，对于社区产生三种特别明显的影响，即分解地方、加速流动、导致认同不稳定（毛丹，2010）。这是市场化和商品经济发展对村落共同体的瓦解途径，而市场化和商品经济发展同样导致了亲属关系和家庭关系的变化。

苏斯曼在20世纪50年代对纽黑文的城市家庭进行了长时间的调查，她的研究结论是，必须在相互联系的亲属关系结构中重新认识城市的核心家庭。亲属关系结构是互惠互利的交换关系所赖以存在的基础。这种互惠互利方式包括以下几种，即生病时的照料、金钱支持、儿童照料、咨询和有益的建议，以及礼物的互赠，这些都是家庭在城市社会中依然具有团结性和凝聚力的重要证明。苏斯曼关于互惠的亲属关系的观点后来被阿莫斯运用"互惠理论"的研究进一步证实和发展（唐灿，2010）。阿莫斯在关于礼物的研究中指出，工业化过程中的英国家庭，亲属间的相互支持既包括物质性的礼物的赠予和回报，如食品、衣物和金钱，也包括非物质性的交流，如情感、声誉、信息、关系等，父母的帮助一般大于子女的回报，子女的回报因种种因素制约具有时间上的滞后性。从本质上看，这是一种"报之以情"的支持模式。越来越多的证据显示，在生命历程的关键时刻和动荡的社会经济条件下，亲属显然被动员起来作为依靠。古德（Goode，1970）肯定了前 20 年中社会学家对于美国亲属关系的新发现，并部分修改了自己的观点。他承认，在工业化和亲属模式的瓦解这二者之间，并不存在机械的联系。对于工业化前后城市家庭与亲属群体相似但又不相同的联系模式，古德回应，虽然亲属关系网活跃且毫无消失的迹象，但是这种亲属之间的互动并不仅仅是农村旧习俗的残余，因为它们并不构成共同体。在现代条件下，亲属关系网失去了对夫妇式家庭的控制和支配权力，它只是一种互助的源泉。当社会经济环境还不能像多种亲属联营方式那样提供更好的选择机会时，各种亲属模式就不大容易瓦解。古德还指出，在现代家庭制度中，亲属间交往的频繁与否主要由两个变量决定：第一个变量是是否为近亲；第二个变量是其他一系列因素，如地理位置、交通和通信费用等。当代家庭与亲戚交往的主要特点为：时间较短、范围较窄、亲切感较差。古德断言，在现代生活中，亲戚关系已经不占主要地位了，这是因为当代世界提供了更多的选择机会。在许多学者看来，城市家庭与亲属群体的交往，很大程度上是核心家庭为了应对城市变化和复杂的社会而做出的策略性的调整和反应。即使在工业化造成的最恶劣的条件下，人们也试图找到一些符合其利益的策略，而这些策略常常通过家庭组织来实施。西方社会发展史表明，那些源于血缘和亲属制度的优先权和义务的相互形式，最终是被人与人之间的纽带逐步取代的，而这个纽带不是别的，正是契约。因此，从男性嗣续的身份社会到个体平等的契约社会需要经历将家庭所具有的权力、特权和责任移交给法律，将建立在身份之上的社会关系转变为契约关系的过程（梅因，2016；唐灿等，2009）。

市场化和商品经济的发展对村落邻里和亲属传统人际关系的瓦解作用在凡村的实证资料中也有所表现。最为直接的表现莫过于对金钱态度的转变。

> 你想办点儿什么事儿的话，现在都比较现实，你要是拿钱的话，
> 人家就能靠什么关系帮助你，比如说就是送点儿礼呀或者给点儿钱呀，

人家能帮你，没有钱不办事儿，我感觉是这样的。（被访者 LDY，2011年7月于被访者家中）

现在人心眼都长多了。不像以前那么……（大笑）……好处（交往）了。现在人与人之间，就是说……嗯……怎么说呢，现在我50多岁啊，我20岁的时候你有点事儿，都来帮你了，不需要什么金钱。现在就不行了。现在是金钱社会。（被访者 ZTJ，2011年7月于被访者家中）

当你没有钱的时候，你跟亲戚开口时肯定是推三阻四的，就是肯定不借你，都是为了自己，都是为了……就都是为了自己想呗，都看自己利益好不好才去哪哈（做出行动）去，自己占着便宜了就好。（被访者 WG，2011年6月于被访者家中）

现在你看手机诈骗，短信诈骗，什么传销，这个那个，你看以前哪有？没有这些工具我感觉以前也比现在好，以前人就是，感觉就是用咱东北话说，感觉实惠，现在人哪有这么实惠啊，找那样的人太少了。（被访者 LSH，2011年7月于被访者家中）

我觉得最重要的……最重要的有点俗，但说起来肯定是，肯定是金钱，没有金钱肯定活不下去了嘛！不过不能因为这样就说你是拜金主义，毕竟没有钱、离开钱还是活不了的。（被访者 ZTJ，2011年7月于被访者家中）

现在社会你知道的兴许不多，这东西吧大家相处无外乎追逐一个利益，很多人原先有很多朋友，相当一部分因为各种各样的利益然后（分道扬镳），这个东西也很正常，怎么说呢，看开一些也不是太难接受的一些事情。（被访者 BDZ，2011年6月于被访者家中）

许多被访者觉得现在的人情交往根本的目的也是金钱。

我那会还在外地上学，我一个小学同学打电话说他要结婚了，我一听就知道肯定是想让我去给他上礼，我就给他说我在外地回不去啊，你猜他怎么说的？他说，你让你妈来吧，反正你还没结婚，等你结婚的时候我也去参加，礼金不就还回去了嘛。我一听真是哭笑不得，还真有这样摆明了说的人啊。（被访者 WG，2011年6月于被访者家中）

在关于私企初始资金来源变动表中，可以看到亲属关系的经济价值随着经济市场化程度提高而下降。在凡村同样也有这样的事例。被访者 WG 为了买一辆翻斗车，不仅通过制度性渠道（惠农资金）获得了贷款，还通过民间私人契约筹集了一部分资金。这说明，一方面，对于同是村落中的农民亲属来说，即便可以借款，借来的钱相对于高额的初始资金来说也是杯水车薪；另一方面，私人契约和制度性贷款渠道和数额的增加，也使亲属的工具性意义下降。

亲属关系是农村传统社会非正式制度的核心，这一在自然经济条件下形成的非正式制度在改革开放以后经历了先加强后弱化的过程。在新中国成立以后的很长时间里，家族主义被认为是封建的残余而被弱化，但在改革开放以后，随着市场经济的发展，农民获得了发展工商业的条件，而发展工商业所需要的大量资金超过了单个农户所能承受的水平，当时的农村工业企业作为一支"异军"很难从国家获得支持，整个社会信用体系还很不发达，建立新企业所需资金缺口大部分只能源于家族内部，亲属关系思想越浓厚，家族越团结，资本越有可能筹措到，企业就越容易建立，从这个意义上说，亲属关系由于市场经济的发展从无价值变成了有价值的东西，家族主义被强化了。"在宗族网络强大的村庄存在着自然的信用关系保障，而在中国社会的非宗族成员中却缺乏这种信用关系保障，信任降低了交易成本和组织成本。""宗族网络促进了中国乡村的工业化，确实构成了一种社会资本。"（彭玉生等，2003）市场经济和工业化一方面强化了亲属关系，另一方面也在摧毁亲属关系存在的基础（蔡立雄，2009），"人们的观念、观点和概念，随着人们的生活条件、人们的社会关系、人们的社会存在而改变"。市场经济的进一步发展一方面使信用关系越来越普遍，另一方面使人员流动、人际交往范围扩大。现代信用的发展打破了家族成员之间的资金依赖关系，人员流动和人际交往范围扩大使长期在一起生活这样一个经济往来的重复博弈前提日渐消失，人们更多地从家族外部获取经济活动所必需的各种资源，亲属关系的经济功能弱化，其经济价值也在下降，年青一代的流动性更强，对亲属关系的观念也就更淡化，亲属关系的衰落和瓦解成为不可避免的趋势。

第三节　家庭就业模式转变：非农就业与女性务工

对由市场化和商品经济发展导致的农村家庭关系变化进行进一步分析，一些学者认为，主要在于改革所创造的非农就业机会，使家庭就业模式发生了变化，进而诱发了家庭内部成员关系的变化。家庭就业模式的形成是和市场层面的因素，如村庄的地理位置、经济发展特征和劳动力状况紧密联系在一起的（宋婧、罗根，2010）。

就业机会的增加和社会流动政策的放宽使农民能够根据自己的利益选择工作，年青一代对父母的依赖因此减少，同时家庭与外界联合或合作的经济活动方式，这些都改变和弱化了父母的权威（Whyte，1992，转引自唐灿等，2009）。这反映在人们越来越重视人的质量而不是数量，并且随着教育费用的快速增长，培养孩子的花销越来越大。在凡村，近年来村民都自愿实行计划生育政策，除了30年前有超生的三子女家庭外，村中不再有超生家庭，甚至许多拥有二胎指标的家庭也选择只要一个孩子。与此相对应，许多家长在孩子很小的时候就在孩子完成课业任务之后，给其报名参加各种各样的辅导班，这被称为"人才投资"。另外，外出就业的人遇到问题也不愿与父母多谈，他们认为如果讲出自己遇到的困难，父母不能理解不说，帮不上忙还干着急，还不如找自己的朋友解决来得快。

非农就业机会的增加不仅改变了家庭内部成员之间的代际关系，还改变了夫妻关系。在国家层面上，1980年之后农业规模缩小，第二、第三产业逐渐增加，同时，非农业工作的收入一直高于农业收入。结果是，农村劳动力必然会从农业领域转向更具吸引力的非农业领域。在市场层面上，有两个因素对家庭劳动力就业模式发挥作用，一是基于农村工业化和市场化的能够提供工作机会的地方市场发展的测量，二是能够吸收移民劳动力大潮的外部市场发展的测量（宋婧、罗根，2010）。但是在家庭层面上，当家庭中的一些成员去寻求非农业的就业机会时，另一些成员就需要承担农业劳动。"多子多福"中"福"的核心表现为，父母在年老没有劳动能力之后可以坐享儿子创造的成果，衣食无忧，颐养天年。在以田间体力劳动为主要形式的传统农耕社会，妇女之责更多的是操持家务，但这并不能使财富增值。妇女在家庭之外的活动受到很大限制。无地之家出外佣作更是男性所专有。至于农业之外的工商业活动，妇女更难涉足。在从夫居婚姻传统下，养育大的女儿要嫁出去，父母感到又增加一层损失（王跃生，2006）。与市场渗透相关的个体与家庭之间的复杂关系可能会导致一种性别雇佣模式（宋婧、罗根，2010）。随着农村工业化的进程加快、私人领域的兴起以及移民的增加，一些研究注意到当男性开始在农业以外的领域寻求新的经济机会的时候，女性仍然承担着照顾家庭的责任，并继续从事着农业生产。结果是，农村男性不成比例地出现在工资性收入的就业中，而女性则大部分出现在农业劳作中（Chen，2004）。

关于影响家庭就业模式的因素，第一个理论视角是将家庭视为一个理性的行动者（宋婧、罗根，2010）。根据贝克的理论，为了最大化家庭的利益，家庭中劳动力的分工是基于家庭成员的能力。尽管女性可能更加擅长家务劳动，但是当她们有更高的学历时，女性不参与非农就业的损失就会增加。许多研究指出女性的受教育水平与其劳动力市场参与水平之间呈正相关关系。除了受教育水平，政治资本在就业中的重要性也曾被讨论。不仅如此，受教育水平的回报率的计算还应该被放置于"内部"与"外部"工作的新的定义中加以考察。农业劳动通常有更加灵活的工作时间，获得的是非工资性收入，农业劳动通常被认为是"内部"工作的一部分。而从事非农业工作的男性经常在家庭中扮演领导者的角色。

就业模式通常会在家庭的层面加以协商，除了上面说到的家庭中个体的能力和家庭的整体利益的考量，还有一些影响就业模式的因素需要加以注意。一个重要的因素就是家庭中是否有小孩（宋婧、罗根，2010）。已婚的女性就业通常会被生产和抚育孩子打断。一些学者预见在中国女性劳动力就业参与会呈现 M 型模式（Hu，2008）：女性劳动力就业率逐渐上升并在生育孩子之前达到顶峰，然后急剧下降并在孩子达到入学的年龄后重新上升，然后再一次下降。

另一个家庭环境中隐含的影响就业模式的因素就是家中是否有祖父母（宋婧、罗根，2010）。Chen（2004）指出扩展家庭减少了家庭中丈夫与妻子的家务劳动时间，特别是，家庭中有祖父母可以显著地减少母亲在抚育幼儿上的时间投入。Chen（2004）认为媳妇与婆婆之间的劳动力的代际分工影射了传统劳动力的性别分工：一个有文化的媳妇可能拥有一份工资性工作，而婆婆则可能参与到农业劳动中；或者当婆婆待在家中主要负责家务劳动时，媳妇则需要负责农业劳动。家中是否有祖父母影响到媳妇的就业模式。与此相关的是，年轻祖父母和年老祖父母对非农业雇佣模式的影响是不同的，在拥有年轻祖父母的家庭中女性更容易参与工资性工作（宋婧、罗根，2010）。另外，子女数更多的家庭中女性更少可能参与工资性工作，因为在这样的家庭中女性承担了更多的家庭内部责任。在传统男主外女主内的性别观念中，女性被要求承担比男性更多的家庭责任，需要扮演生儿育女、贤妻良母的角色（陈寒，2018）。在夫妻双方之间也存在对工作模式选择的相互影响，在男性外出务工的家庭中女性也更愿意外出工作。另外，土地的稀缺度以及与镇中心的距离也影响家庭的非农就业模式。

凡村在村改居之后，市场环境和周边生活设施的逐渐完善已经满足了上述女性外出工作的大部分要求。首先，新区周边市场对劳动力的需求较村改居之前更加紧迫，尤其是一些服务性岗位，如邮局、通信公司、学校、超市、公共区域的保洁工作等都需要大量的女性员工，这为女性就业提供了大量的机会，用凡村人的话说就是，在新区你要是想干总是有活让你干的。其次，土地的征用解放了许多中老年女性，她们不再需要承担农业劳作的责任，无须考虑农田耕种，就可以在兼职工作的机会外，也参与到全职工作之中。最后，虽然在村改居之后，几乎全部的主干家庭都分户为核心家庭各自单独居住，祖父母不再像原来那样承担大部分对孙辈的抚育责任，但是，周边托儿所的逐渐建立，使那些还没有达到上幼儿园年龄的孩子可以被送到托儿所中代为看管，减轻了年轻女性抚育幼儿的家庭内部责任，许多年轻女性就有条件也愿意参与到工作中去。

关于以上这些因素是否能够完满地解释家庭就业模式变化的趋势还存在疑问（宋婧、罗根，2010）。家庭角色模型理论认为性别雇佣模式不能归因于经济，而且女性自身也可能不愿意接受参与工资性工作的机会而自甘于农业劳作。之前的研究将家庭按劳动力分配模式进行分类，如传统的家庭、平均主义的家庭和新传统的家庭。在社会主义革命之前，在中国农村家庭中典型的劳动力分配模式是"男耕女织"，受到父权制规范的影响，女性参与到家庭以外的工作中在观念上是不被允许的。20世纪50年代开始的社会主义革命试图动员女性参与到劳动的大潮中，结果是，无论是男性还是女性都开始在国家或集体所属的各种组织中工作，不参与工作的家庭被认为是奇怪的。在20年的时间里，中国实现了几乎所有的女性都参与到外部工作中，但是在改革开放的时代中，中国见证了对传统的劳动力分配模式的恢复（Hu，2008）。家庭角色的多样化也许与国家从人们的日常生活中退出有关。同时，观察到的家庭雇佣模式也是国家一系列发展政策的结果，这些政策形塑了国家的"产业结构"、劳动力市场条件、与工作相关的政治组织原则。当市场代替国家在形塑人们的雇佣模式中的作用时，女性就很可能会在改革开放的时代里失去工作的机会，但是如果劳动力市场对女性劳动力有更高的需求，女性劳动力的市场参与率也会更高（宋婧、罗根，2010）。例如，中国台湾已婚女性的劳动力市场参与率高于韩国，因为中国台湾的公司有着劳动力密集和小规模的本质，而在政府的参与下，韩国更加崇尚资本密集型公司，这种公司更偏爱男性劳动力（Brinton et al.，1995）。总体而言，是否生育子女以及生育数量对青年女性的劳动力市场参与率有重要影响，相较于城镇女性，农村女性受生育影响更为严重，更容易因为生育而无法参与劳动力市场（张琳，2020）。

应该注意的是，家庭就业模式的变化并不仅仅是一种选择行为。一方面，大部分家庭研究过多地强调了个人特征的影响，而没有抓住宏观因素，如经济发展、女性劳动力参与、性别规范和国家福利制度的影响。应该看到就业模式受到制度环境与物质环境的影响（刘爱玉，2020）。另一方面，之前关于中国市场转型的研究更多地关注了在市场中人们怎样理解和锚定其自身个人属性的位置，而不是关注以家庭为主体如何去回应结构的激励和阻碍。

新中国成立以来，中国传统村落的社会制度变革给中国传统村落带来了三个方面的改变：传统土地制度的变化、基层管理方式的变化以及社会文化形态的变化。这些社会制度变革对传统村落人际关系的影响主要表现在以下两个方面。首先，贯穿于新中国成立以来社会制度变革整个过程中的是家庭结构的变化，即从原来的以父子为主轴的大家庭模式转变为以夫妻为核心的小家庭模式，伴随着家庭结构的由大变小，村落亲属关系（原来同属于一个大家庭中的兄弟分家）、家庭内部成员之间的代际关系（包括老年父母与成年子女的关系、青壮年父母与未成年子女的关系以及祖父母与孙辈的关系）和夫妻关系都发生了改变。其次，人民公社制度的建立和集体经济制度的实施改变了传统村落中家庭与家庭之间的互助合作生产生活模式，变为全部单独家庭面对村落集体的再分配模式，家庭联产承包责任制在农村实施后,村落中的生产和生活又恢复到集体时代之前的模式。

从 20 世纪 70 年代末期中国实施改革开放政策开始,市场化和商品经济对农村的渗透和影响就从来没有停止过。市场化和商品经济的发展一方面通过传统村落中人们对金钱和自我利益观念的转变来影响传统村落共同体的特质和传统村落中的人际交往关系,另一方面通过改变市场就业环境来影响传统村落中的家庭就业模式,从而进一步影响了家庭内部成员之间的代际关系和夫妻关系。

在本章中,从新中国成立以来农村社会变革和改革开放开始市场化以及商品经济对农村的渗透两个方面对凡村的具体情况进行详细的介绍,可以看出在凡村农村社会变革和商品经济的发展影响了传统村落中的人际关系,这种影响主要表现在家庭的分化以及将金钱和自我利益视为重要的甚至是唯一的生活目的。

但是,因为农业生产方式和传统村落中的居住模式以及周边生活设施的完善程度等农村社会环境限定了村落中生活的人们的自立能力,人们需要相互依赖以完成某些生活目标,与市场经济并存的,而且也尤为重要的就是礼物经济。在凡村村改居之前,人们守望互助的人际关系模式并没有发生转变。

城市化进程加速：村改居与村落
人际关系变迁

第四章　居住模式与凡村人际关系变迁

一些探讨人际关系的文章关注到了建筑和居住模式对人际交往的影响。建筑与人际关系方面的研究，主要集中在如何通过合理的建筑设计来促进邻里交往这一方面，其中比较有代表性的是增进住区交往因素理论，有以下因素可以促进住区中邻里之间的交往。一是可认知的住区规模。人们对邻里的认知水平受邻里的范围、空间大小的影响。二是交往空间的层次与领域划分。住区户外公共空间具有一定的层次和秩序，为居民创造出公共、半公共、私密、半私密等多种性质的空间层次，有助于促进居民多种性质交往活动的发生。我国历史上传统的居住街区，常常通过街、路、巷、坊、弄的多层次空间形态，逐级建立起内外有别、丰富生动的居住生活空间体系，具有很强的亲和性，空间层次丰富且富有人情味，居民关系和睦且融洽。三是交往环境设施。环境设施为邻里交往提供平台，住区户外公共空间环境有空间无内容，不能为居民的交往与社会活动提供良好的环境设施，是造成当今城市住区人际互动缺乏的极其重要的因素。四是住宅"组团"设计。住宅布置成"组团"格局，能增加社会交往。在封闭性较强的空间里，与开放的外向性空间比，居民有较强的领域感和安全感，有利于增强居民的主人意识，增强居民参与社会交往意识，使居民的邻里关系进一步融洽。

与传统农村相比，撤村建居社区的显著特征是地理空间的标准化和立体化，居住空间垂直集中，居住空间的内部开放性减弱（郎晓波，2019）。在建筑与人际交往的密切关系上，有学者认为楼房建筑结构比起平房式的四合院、弄堂和单位式大院等传统社区的邻里交往要减少得多，马静等（2007）对其做出的解释是"交往契机"削弱。他们认为，从传统街巷体系的民居、单位大院到市场化的商品住宅，人们的交往意愿逐渐降低，原因之一是，人们在自家户内无法满足某种居住生活需求而转向住区公共空间，其引发的碰面和接触随着城市居住生活条件的日益改善而逐步消失。因此，市场化的商品住宅在使居住生活变得更加舒适、便利的同时，却削减了居民于住区公共场所出现、停留、碰面、接触进而深入交往的客观及主观的"交往契机"（马静等，2007）。除此之外，由于搬迁之后劳动方式与传统农村农民大致从事相同工作的情况完全不同，职业分工越来越精细化，行业差距甚至在一个单位、一个家庭里也明显地区分出来。人与人之间的交往产生了知识上的障碍，社会结构分化加速，浅层社交成为常态（雷丽，2019）。

公共空间这一概念目前已经在地理学、建筑设计学、社会学、政治学、传播学、公共管理学等多个学科领域被频繁使用，这些学科在使用这一概念时的对象所指并不完全相同，其具体内涵也有着很大的区别。作为社会学意义上的公共空间，曹海林（2004）把它界定为社会内部业已存在的一些具有某种公共性且以特定空间相对固定下来的社会关联形式和人际交往方式。郑也夫（2002）阐述到，公共空间一般包括街道、胡同、里弄、茶馆、公园、集市、广场等，它能满足人们对于舒适、松弛、旁观、积极参与等方面的需求，因此人们都有待在公共空间的兴趣。

盖尔（1992）提出公共空间中的公共活动分为三种。第一，必要性活动。日常工作和生活事务属于这一类型，如上学、上班、购物等。第二，自发性活动。自发性活动只有在人们有参与的意愿，并且在时间、地点可能的情况下才会产生，如散步、晒太阳等。第三，社会性活动。社会性活动是指在公共空间中有赖于他人参与的各种活动，如互相打招呼、交谈等。盖尔认为，当户外空间的质量不理想时，就只能发生必要性活动；当户外空间具有高质量时，尽管必要性活动的发生频率基本不变，但具有延长时间的趋向，促使人们驻足、小憩、玩耍等，大量的自发性活动会随之发生。与此同时，随着自发性活动水平的提高，社会性活动的频率也会稳定提高。但是，在现实层面上，城市空间设计者更多的是从基础设施建设的标准化以及服务的均等化等维度进行城市公共空间设计，而忽略了公共文化设施交流、交换、交际等目的的基本属性（郑迦文，2017）。

第一节　村民：村落身份边界模糊化

凡村村改居之前村落的东面是长白山山脉的余脉，村南是辽河的一条支流，村中水稻种植的灌溉用水就取自这条河。村西和村北环绕着的是农田，102 国道南北纵向从村中穿过，将村落分成道东和道西两个部分。凡村距离东南西北的邻村都在两公里以上，村落自然边界十分明晰。村中主要的商店、饭店和卫生所都分布在主干道和村落中主要的街道两侧。凡村村民农闲时也会经常聚在这些主要的街道两侧，或者是谁家的门房里，或者是大树下，三五成群，谈天说地，除了插科打诨之外，侃得最多的就是村中的事情。最为常见的情形就是村中谁家发生了事情，知情的人到商店中买东西时就会将消息告诉商店中流连的人（许多村民喜欢在商店中或门前打牌或下棋，以方便买东西和随时找到替补的人或位置，商店也愿意以此种方式招揽顾客和聚集人气），商店显然是一个消息的集散地，后面到商店购物的人又会在商店中得到消息并迅速地散播出去。通常的情况是，只要有村民认为值得关注的事情发生，比如谁家有人去世了，谁家孩子要结婚了，谁家不孝顺老人了，甚至是谁家的什么亲戚来串门了，都会在很短的时间内让多数的村民了解得一清二楚。记得在上初高中的时候，笔者甚至都不敢带男同学来家里面玩，因为最可能的情形就是走在路上还没等到家的时候，就会听到背后有人用笔者刚好能听到的声音在猜测，那是某某处的对象吧，感觉背后同时被几双眼睛盯着，恨不得立刻逃之夭夭。但是这个时候是绝对不能逃的，而是要大方地慢慢走过，否则后果会更加可怕。在这样的村落舆论快速而强大的影响下，村民确实极为在乎自己的道德脸面，但同时，生活于村落中的人几乎不可能有什么个人或家庭的秘密或隐私，无论发生什么事情都会处于别人若有若无的目光之下。

在村改居之后，凡村中原来的主干家庭全部分家各自组成核心家庭，原来已经分家但是还居住在一起的父母和成年子女也全部分开居住各自生活。老人的居住模式是指老人的家庭结构（一人户、夫妻二人户或者与某个子女同住等），与子女的居住距离以步行或者车程的时间长度测量。社会学家对美国家庭的研究发现，对于美国这样一个年老父母极少与儿女同住的社会来说，影响父母儿女之间联系的最重要的因素是彼此之间的居住距离，儿女居住得离父母越近，与父母的联系越频繁（谢桂华，2010）。对天津、上海两个城市的调查也发现，对于有不同住子女的父母来说，子女居住得越近，看望父母越频繁。然而对保定家庭的研究则发现，与父母的居住距离会影响到对父母的家务照料，但并不影响在实物和身体照料方面对父母的赡养（日常交往与赡养义务是分离的）（鄢盛明等，2001）。从村改居之后凡村的老人居住模式来看，虽然子女家庭与父母家庭的居住距离很短，日常生活中相互之间的实物照料和生活照料也是会经常发生的，但是与村改居之前居住在一起时频繁而无法计算的相互交往和影响相比，现在相互之间的实物照料和生活照料都是说得上来的或者说是有账可循的，成为隐形礼账来往的一部分。

《中国城乡老年人口状况追踪调查研究报告》显示，在全国 60 岁以上的老人中，40.62% 的老人（49.7% 的城市老人和 38.3% 的农村老人）一人独居或者夫妻二人居住，有 25.8% 的老人（其中城市为 40.8%，农村为 20.5%）并不愿意与儿女共住。老人与子女同住的合居家庭逐渐减少，老人独自居住或仅与配偶同住的独居家庭大幅增加（何欣等，2020）。2020 年第七次全国人口普查数据结果显示，中国家庭平均户规模为 2.62 人，比 2010年第六次全国人口普查平均户规模 3.10 人减少 0.48 人，相当于每个家庭减少了近 0.5 人，使家庭基础结构从 3 人以上下降到 3 人以下（转引自张丽萍、王广州，2022）。由此看来，年老父母与儿女的分居不仅是一种越来越普遍的社会现实，而且也得到了相当一部分人，特别是老人的赞成（谢桂华，2010）。家庭规模小型化、家庭结构核心化已经成为家庭发展的主流，具有血缘关系的家庭人口从共同生活转向独立生活和居住（张丽萍、王广州，2022）。在凡村的老人中，除了那些没有照顾自己能力的老人，大多数人愿意自己或者与老伴居住，这是为了追求日常生活方式和生活节奏时间安排的自由，不愿意与子女生活在一起相互牵绊。在村改居之前，很多希望独立居住的老人没有经济条件再建新房独自居住，而且许多生活上的不方便，如要抱柴生火做饭、要侍弄院子种蔬菜等影响了他们独自居住的决心，而村改居则将所有这些限制老人独自居住的问题都解决了。

与村改居之前相比，凡村的公共领域无论是从范围上还是从自然环境的舒适度上都较原来有了很大的提升，这也为凡村村民闲暇时间提供了更多的去处。现在，凡村人很喜欢在没有活的日子里携全家出来游玩，小区附近的公园、湖泊和湿地都是凡村村民喜爱的去处，并且距离小区并不远，步行半个小时到一个小时就全部可以到达。村改居之后的凡村村落自然边界模糊，现在的小区将原来多个村落集中在一起居住，而且随着周边市场的发展以及商家和打工者的进入，越来越多的陌生人居住在小区内，也有越来越多的村民选择卖掉小区内的房子而重新到商品楼区内购房居住。村改居之后的凡村村民与陌生人之间的交往和互动增加，而与原来村落熟人社会的人际往来减少。现在的凡村村民不再像前文中所描述的那样总是在公共领域范围有限的区域内三五成群地聚在一起聊着家长里短，在闲暇时间里，要么待在家中看电视或上网，要么去麻将馆里打麻将消磨时间，要么与家人或一两个知交好友去享受山湖风光。

艾利斯曾经这样写道，前工业化时期的法国，人们的生活完全被社区的功能吸收，家庭只是扮演从属的角色，家庭成员通过经济合作紧紧地联系在一起，家庭事务主要由血缘共同体来决定，公共与私人生活领域不存在分化（转引自唐灿，2010）。小家庭本身陷入小社区纵横交错的罗网中，公共性变成家庭的一种特征。严格的集体生活妨碍了夫妻生活的紧密性和独立性，社区的权力在于，确保了核心家庭对外部的开放。新工业秩序的兴起，打破了社区对家庭的控制，也打破了老一代的权力和控制。个人主义、家庭私有化和家庭生活幸福的观念随之而出（唐灿，2010）。哈雷雯对在工业化后出现的核心家庭与社区之间的关系有过很经典的评论：家庭私有观念导致家庭与社区的隔离，以及朋友、邻居和亲戚间社会支持的减少（转引自唐灿，2010）。每户成为一个自我包含（self-contained）的单元，形成了一种自发隔离（self-initiated isolation）的机制。这种隔离剥夺了老年父母对家庭日常事务的管理权力，增加了社会中不同年龄组之间的隔离。学者们还认为，在前工业化时期，社区由于受到强烈的控制而具有同质性。包括亲属和邻里关系在内，共同的法则规定了彼此间的相互责任和义务，包括在生育、结婚、丧事等重大事件中的互助共济。这种相互的责任和义务观念，保证了家庭与亲属团体和邻里间的紧密合作，以及相互的忠诚和团结。但是如今，人口高度流动的城市社会大大增加了社区的异质性，虽然传统的亲属关系和邻里关系仍在继续，但是睦邻已经不再是一种责任，"邻里间的群体性和忠诚性已经逐渐淡化"（赫特尔，1987）。

对于凡村的村民来说，原来村落的自然边界是清晰的，而现在是相对模糊的。原来到村外去时，希望未来有进一步交往的人在提到家庭住址时经常会被问及：你是哪个村的？这时会回答为凡村，这样的回答使提问者的脑海中马上就会出现该村落的具体位置及村落自然边界，甚至得到答案的提问者会进一步聊到该村落的福利和文化。而现在问到的则是：你住在哪个区？对于这个问题的回答则完全单单是住址意义上的，因为虽然每个独立搬迁的村落还是相对集中地居住在一起，但是由于生意人与打工者的频繁流动以及在子女成年达到适婚年龄时父母会选择在新落成的商品楼区购买住房，原来的村落自然边界不再明晰，居住区边界以前所未有的程度向邻近村落开放着。在2010年的人口普查（笔者也曾以临时人口普查员的身份参与到凡村的人口普查工作之中）中，从凡村的人口普查结果来看，居住于凡村原住人口较为集中的区域内的外来人口已经占据了总人口的五分之一以上，即在现在凡村原住人口集中居住的单元楼内，每个单元六层十二户住户中，平均有两到三户是邻近村落的人或者是外地人（这里外地人指的是铁岭市户籍以外的人口）。

不仅村落的自然边界不再明晰，现在凡村村民的日常人际交往圈也不再仅限于原来的村落边界范围内。日常生活中消费品的购买是向陌生人而不是原来村落中由本村人经营的商店。闲暇时间也不再是和本村人在一起消磨，而是参与到陌生人的圈子中去。用一位凡村人的话来说，"其实这样更好，原来都是本村人，不太好计较一些琐碎的事，比如说我晚上要去跳舞，原来和本村人在一起，买服装、买鞋子以及锻炼时间的安排等都要相互迁就，不然就会闹矛盾，心里结上疙瘩。现在就不一样了，跳舞的人有好几伙儿，而且都不认识，我愿意什么时候去就什么时候去，不愿意去我就休息；我愿意买服装就买，不愿意买我就随便跳跳，谁也管不着我，我也不用顾虑别人高兴不高兴和怎么看我"。在日常的生产中，原来的农业生产中家庭与家庭之间的用地都是相连的，总是有一些要与人家商量的事情，比如水田里你家什么时候上水啦，什么时候打药啦，又什么时候上化肥啦都要商量，现在就不用了，都是给别人打工的，自己干自己的活儿，挣自己的钱，不用商量什么事。原来村落中的村民身份是明显的，因为什么事都是通过村委会做成的，比如原来的土地承包、房屋买卖等，现在不一样了，现在每年征地补偿款的发放都是每户一张卡，到农村信用合作社去领取，跟村委会一点关系也没有。买卖房屋也是自己签订房屋买卖合同，有担保人和文书作证就可以。原来村委会承担的户口管理工作现在也不像从前那样麻烦了，因为土地征用的实施，一下子就卡死了村民户口上的变动。等再过段时间征地补偿款一次性全额发放之后，就真的要变为社区居委会的管理方式，等到那时就再也没有什么凡村了，也不再有凡村人这一说法。

图 4-1 展示了凡村人搬迁后居住区内的一个小广场，外出干活劳累了一天的人们晚饭后经常会走出来享受傍晚的闲暇时光。在这里休息的人们并不都是一个村落中的，而是来自不同的村落，有些还是外地人。聚集在这里的人多数是老年人和幼童，中年人多选择在晚饭后散步到距离比较远的市政府广场或者去参加舞蹈队跳舞以达到锻炼身体的目的，而年轻人则或者参加各种学校或私人办的补习班，或者待在家中看电视或上网。凡村人搬迁后新居住区附近的主干马路边上有一处空地，此处周边主要坐落着几个大型的银行，银行前面的空地较为宽阔，而且灯光更加明亮，傍晚，舞蹈队的成员在这里以跳舞的方式锻炼身体。在这里跳舞的人都是居住在新区的人，但是其中只有几个是凡村人。像这样的舞蹈队在新区内还有几个，它们都有自己固定的锻炼场所。凡村参加舞蹈队的人并不愿意集中在一个舞蹈队中，而是分散在各处。

图 4-1　凡村人村改居后傍晚的闲暇生活

资料来源：作者拍摄。

第二节　邻里：公领域与私领域边界清晰化

村改居之前凡村中最为常见的院落格局都是坐北朝南的。人居住的正房正对着院门，石板路连着正房、院门、仓房、牲畜舍、厕所和前院后院。仓房中放置的是收获了但没有售出或没有食用的粮食、喂给牲畜的饲料以及各种用于农业生产的农具。牲畜舍的舍门一般是朝东向的，这样可以避免下午的西晒。厕所一般建在后院的角落中。前院和后院每到春夏秋三季都会根据不同的季节种植一些时令蔬菜。凡村村民在修建房屋和围墙时，修建的高度基本上是约定俗成的。虽然新房的地基会略高一些，但是不能超出太多，这会招致邻居的不满。围墙一般建成一米到一米二的高度，如果围墙建得过高就会被别人说是建了一个监狱，并显示了主人的孤僻和不愿与人交往的意愿。不高的围墙方便了左邻右舍随时随地地谈话和互赠东西，比如，隔着围墙就可以看到邻居家里的人在做什么，也可以看到邻居的院子中都种了什么蔬菜水果，以便互通有无，或者，在下雨且邻居家又没人时，都会自觉地帮忙收晾在外面的衣服或者抱一些燃材免得淋湿无法生火。甚至当谁家的人有事外出几天时，不需要交代，左邻右舍都会自觉地帮忙看家护院。不仅如此，在家中有人的情况下，院门在白天基本是开放的，如果关起来则意味着对客人的不欢迎或者拒绝的态度。院落作为一个主人私人领域延伸和外部公共领域侵入的交接空间，成为村民之间相互主体间性关系的空间延展。

村改居之前凡村中最为常见的房屋格局是"三间房"，包括东西屋两间和中间厨房与饭厅连成的一间。凡村地处东北，冬天经常会刮北风，天气寒冷，因此在东西屋的北面经常会隔出两间小房间，一方面方便房屋内的功能划分，另一方面可以在冬季的时候隔绝由北风带来的寒冷。在厨房中有东西两个灶台，分别连着东西屋中的火炕，这样，在做饭的时候就可以直接将屋中的火炕加热，无须另外耗材烧炕。但是，到了冬天的时候，为了节省燃料，同时也为了避免麻烦，更为通常的情况是将西屋闲置起来，西屋甚至可以成为一个储物间，温度低到许多东西可以放置很久也不会变质，全家人都住在东屋里面，可以说，在冬季，一家人的饮食起居基本上在东屋中完成。凡村村民在冬天是基本不做什么活的，用当地人的话说就是"猫冬"。这时人们最喜欢做的事情就是串门，或者亲戚家，或者邻居家，或者关系较好、年龄接近的朋友家，而且基本没有什么避忌，来串门进屋就脱鞋上炕。凡村村民冬天的时候因为白天的时间很短，又因为没活而早睡晚起，所以多数家庭一般是一天吃两餐饭，上午十点和下午四点左右。这样，串门的人基本上在这两个时间段中间都会在主人家待着，闲聊、打牌或者织毛活儿等。有时客人一家和主人一家两家人刚好都聚在一起（这是经常会发生的），或者打牌的人议定由输了的人请客，就会选择晚饭在某家一起食用，这时一般都是两家中的女性自己买食材自己做，而不是到饭店中去吃。这种相互串门的情况实在是太寻常了，甚至那些不太喜欢出门而经常宅在家中的人会被邻居认为不通人情世故。而经常串门也使家庭相互之间根本没有秘密和隐私可言。不仅如此，此种人际关系的建立和维续显示出了以家庭为单位的特征，无论是家中的哪个人与另一家中开始了来往，结果一般都是最后两家的所有人之间都相互熟识并建立持续的往来关系。

> 在搬迁（村改居）之前，农忙的时候就不说了，一到农闲的时节就相互串门。夏天就在院子里，冬天就在炕头上，男人就一起打打牌，女人就一起摘摘菜、做做毛活儿、唠唠家长里短。现在搬到新区之后就都不愿意走动了，就爱在自己家屋里眯（藏）着，谁也不爱出门。（被访者 LCD，2011 年 6 月于被访者家中）

> 以前嘛，吃完饭后没事的时候总喜欢在村头或者大门檐下（有几个固定的地点），三个一伙儿两个一串儿地凑在一起，老头老太们在一起唠嗑，大人就打打扑克，小孩儿在周围跑来跑去的，笑声说话声都传出好远，后院说话前院就听见了。现在老人一般就在吃完饭后往新区周边环境好些的地方走一走锻炼身体，中年人有的就去棋牌室，有的就去跳舞，去了也是谁也不认识谁，玩完就都各自回家了，有的干脆就待在家里不出来了。现在小孩儿也不爱出来玩，现在都看不到小孩儿成帮结伙的了，咱们小时候大家在一起玩的游戏也没有了，现在就是放学后回家自己写作业，写完作业就看电视、打电脑（游戏），然后就睡觉了。（被访者 ZZW，2011 年 7 月于被访者家中）

> 你看现在棋牌室那么兴盛，里边不论白天还是晚上都"人满为患"，开棋牌室的都挣了老多钱了，这要是搁以前（村改居之前），哪有一家棋牌室啊，就是有也都得黄铺（关门，开不下去）了，谁上那玩去，又冷烟又多，在自己家玩多好，又暖和，饿了有吃的，渴了有喝的。现在都不爱往自己家里招人，嫌闹腾。现在都愿意自己净身一个出去玩，再自己净身一个回来，多清净。（被访者 BXS，2011 年 9 月于被访者家中）

现在那些熟人都不知道干什么去了，一个都见不着。这要是搁以前，一天恨不得见几次面。反正也是，我也不爱出屋，连我姐姐家住得这么近，我都快一个月没去过了，去了也没啥唠的，还不如在自己家里看看电视，愿意干啥就干啥。（被访者 ZSZ，2011 年 6 月于被访者家中）

以前是老的、小的都在一起玩，走街串巷地就都认识了，现在净（全都）是自己出去，外面玩一天就自己回来了，跟他们（家里人）一起玩的人咱也都不认识。反正也不能是坏人，也就是同学、同事啥的吧。（被访者 ZSZ，2011 年 7 月于被访者家中）

图 4-2 展示了凡村村改居后新居住区内小广场上的邻里交往情况。左图中最前面的两人在村改居之前是邻里，村改居之后迁入了步行约十几分钟距离的两个单元楼内。左侧女性刚刚吃过晚饭后出来散步，右侧女性刚刚从新区夜市上回来，两个人在广场上相遇，聊了一会儿新区中不同超市的物价后就分开了，前后不过两三分钟的时间。聊天的内容没有涉及任何两人家中的人和事，也没有谈及关于周围人家的事情。这在村改居之前是不太常见的，因为晚饭后到入睡前正是凡村人一天中最闲暇的时光，也是凡村人探听熟人社会中的各种八卦消息并加以评说的最佳时间。

中图中的几个老人在晚饭后的闲暇时间中以打牌来消磨时间。村改居之后，尚有劳动能力又与儿女已经分家单过的老年人不能参加繁重的工地上的体力劳动，就选择相对轻松的工作，如给工地打更或者做环卫工人，以期望除了定期发放的征地补偿款之外获得多一些的收入。图中的几个老人在村改居之前的凡村居住时，住得都不远，相互之间彼此熟识，因为现在白天的工作都是分开独立完成，而不是像从前那样需要相互合作，所以只有傍晚才会偶尔聚在一起。因为图中的小广场灯光设施并不好，所以他们晚饭后到天黑前只有不到一个小时的时间用来玩牌，天黑后就各自回家。

右图中的一群村改居后的凡村女性晚饭后在路旁的路灯下以打牌来消磨时间。这些参与玩牌的人多为中年女性，她们白天多去参加一些相对轻松且工作时间相对自由的工作，这样可以方便照顾家庭，同时又可以在丈夫工作晚归后为其准备好晚饭，因此，她们的闲暇时间就会延后，每每吃完晚饭再收拾好以后天就黑了。在村改居之前，无论凡村的男性还是女性都会选择在某个邻居家的房屋内打牌来消磨时间，虽然那时很多家庭院门前后也安装了电灯，但是很少有人选择在室外，因为夏季室外的蚊子很多，村民不胜烦扰。但是，村改居之后，大家不约而同地认同和选择了不再去某个人家里玩，而是都选择在公共场地。那些喜欢有输赢赌注的玩家就选择去棋牌室，虽然每次去都要给棋牌室主人付出 5 元到 10 元的提成；而那些不喜欢有输赢赌注的，纯粹是"捅手指头"的玩家就选择围在路灯下，虽然蚊子较以前一点也没有减少。

图 4-2 凡村人村改居后的邻里交往（一）
资料来源：作者拍摄。

图 4-3 是凡村村改居之后人们路上偶遇的寻常场景。这是一个早上，出来锻炼身体、遛狗、吃早饭的人们在小区的街道上相遇，拎着两个袋子的女人刚刚从早市上回来，袋子中是其购买的蔬菜和水果。在通常的情况下，聊天的内容都围绕着当天早市上有什么种类商品在售卖，各自的价钱是多少，涨价和跌价的幅度是多少。图中匆匆走过的女人也是凡村村民，她正赶着去上班，因此仅仅是与聊天的人打了个招呼就离开了。很快，聊天的人也都散开各自去做自己的事情。村改居之后的凡村村民不再像从前那样喜欢到别人家里去串门，而且很多人白天需要上班（现在的工资性工作与原来的农业生产不同，冬季不再有几个月的空闲时间，不再有"猫冬"），因此只有在早晚去集市或者出来散步的时候才会遇到，遇到之后也不会多做停留，随便打个招呼，"吃饭了没有？""去哪了？"是最为常见的打招呼用语，但是这时的问句不是真的想知道对方是否吃饭了或者去什么地方了，回答者也是心照不宣，通常的回答是"吃了"或"没吃"，"随便逛逛"之类模糊的应答。这短暂的停留和打招呼仅仅代表着一种"我认识

你"的关系。即便是聊上三五分钟，也只是围绕着各种生活用品的价钱或者周边又新建了什么这种敷衍的话题。人们不再相互探究各自生活中的隐私，也不再将别人的事情作为自己聊天的主题。

图4-3　凡村人村改居后的邻里交往（二）
资料来源：作者拍摄。

凡村村改居之后居住在单元楼内最常见的房屋格局是不同功能区的分割。现今的南卧室与北卧室就完全是作为卧室来使用，而客厅是全家人在一起互动的主要空间场所。这与村改居之前起居室功能一体化的情况完全不同。有客人来到时，只是在客厅中招待，而不会到卧室里面去。家中的电脑一般装在孩子的卧室中，家中有客时，孩子可以不受干扰地待在自己的卧室中或学习或上网玩游戏，不再像从前那样必须与客人待在一起，客人总要询问一些关于孩子的问题以示关心，孩子也不得不迫于父母的压力有礼貌地做出应答。房屋内各个房间功能的细化保护了家庭中不喜欢参与到人际交往中的成员的私人空间和隐私。村改居之后的楼房内到了冬季是由小区物业集体供暖的，因此无论哪个房间即使是在最寒冷的时日中也是温暖的，不再像从前那样到了冬季为了节省燃料孩子只能与父母住在一起。现在的孩子都有自己独立的卧室，不喜欢与父母交流或者被父母打扰时，将卧室门关上就给自己隔离出一个独立而自由的空间。

在村改居之前，凡村村民之间相互串门是非常普遍的，那时的生活条件（如每天都与泥土打交道，做饭时要抱材生火等）不允许人们有太干净的居住环境，因此串门也不需要脱鞋换鞋等麻烦的程序。在搬入单元式楼房以后，几乎每个凡村村民家中都铺设了地板，在玄关处放置了供家人和来家中的客人换用的拖鞋。但是，相互串门的现象是极少见的了，不仅是嫌脱鞋换鞋麻烦，也是因为现在人们在家里穿的都是极为随意的家居服，有客人来时就要换上较为正式的衣服，这也使客人觉得去串门不仅自己麻烦，还给主人的生活带来了困扰。在村改居之后，家庭成员中有人与自己的朋友来往时不再在自己家中招待，都是走出家门与朋友寻个公共空间（如饭店、公园等）来交往，因此，这种以个体身份与他人的互动和交往建立的同样是以个体为中心的关系网络，不再像从前那样两个人之间的来往变成两个家庭之间的来往。人们不再到别人家里面去串门，而是宁可忍受蚊虫的叮咬和暗淡的路灯灯光，也愿意在公共空间内玩耍。贺雪峰（2010）也曾经关注到村落中人们相互串门行为减少，他指出，村民不串门，是因为村庄社会的多元化和异质性增强，使村庄社会半熟人社会化了，村民之间有了心理距离。因为品位和兴趣差异，因为共享经验的差异，因为家庭成员中有的人不熟悉（比如娶回来的外地媳妇，却又不常在村庄内共同生活，以致村民很难了解她的脾气、爱好和性格），因为村民对时间把握的差异（比如有村民喜欢看电视剧，或已经安排某个时间做某事），串门聊天这种只要进入村民个人家庭，就使被访人缺少退出选择的方式逐渐变得尴尬。串门聊天是为了打发闲暇时间，却因为品位、兴趣和共享经验的差异，或家中有不很熟悉的成员及其背后投来的审视目光，而变成让人不自在的事情，因而串门行为持续减少。血缘与地缘已不再成为个体社会关系与人际交往的决定因素，而建立在业缘与趣缘基础上的人际交往日益重要，邻里互动频率降低，邻里关系日益疏远（陈静，2017）。

第三节　亲属：交往理性化

在现代家庭制度下，关于亲属关系的定义，古迪（1998）这样解释："我们这里所说的亲属，其定义是夫妻以外的关系。"考虑到夫妇式家庭的结构特征（未成年子女的存在），或许在这里我们还可以将这个概念进一步扩大为夫妇式家庭以外的其他关系（唐灿，2010）。古德（1982）一直很谨慎地使用和区别"核心家庭"（nuclear family）与"夫妇式家庭"（conjugal family）这两个概念："在谈到家庭单位本身时，我们将轮番使用核心家庭或夫妇式家庭这两种说法。当泛指家庭制度时,我们将使用夫妇式家庭这一说法。如前所述,如果我们说核心家庭是指与亲戚没什么关系的多数家庭,那么,这样的核心家庭制度是根本不存在的。所有当代关于工业化国家的研究都表明,每个家庭都与很多亲戚保持联系……尽管夫妇式家庭更注重夫妻关系,但我们必须记住,家庭是不可能完全独立的。"

古德在他关于家庭变迁的经典著作《世界革命与家庭模式》中指出,随着社会的现代化变迁,家庭将经历从扩大的血亲家庭制度向夫妇式家庭制度的转变,夫妇式家庭将最大限度地鼓励和满足个人主义和平等主义的价值观,个体服从家庭整体利益的传统的家庭关系被瓦解,个人与扩大亲属制度相联系的义务关系同时被削弱(唐灿等,2009)。在传统社会,家庭一般意味着集体进程中的一个法人团体,在这个组织中,团体结构超越部分的总和。在这种安排中,大多数个人行动与群体决定紧密相连,家庭集团对个体选择的影响不仅涉及婚姻,而且涉及职业生涯和家庭内部的分工。在传统社会,获得土地财产、新的职业或婚姻,并不表明个人从出生家庭完全分离。而在现代社会,这些决定由个人做出,这被视为独立性和从出生家庭脱离的表现(唐灿,2010)。

古迪认为,"摒弃亲属关系的意图,由来已久。一个时期以来,在世界的不同地区,我们正在目睹由亲属关系组成的广阔集团如氏族、家族的消失,这是肯定的"(古迪,1998)。古迪所说的亲属关系消失,一直被社会学家认为是工业社会的流动性及城市社区的开放性和异质性所致,这种变化造成个人关系相对萎缩,亲属关系削弱,邻居关系淡化,偏向社会团结的传统观念逐渐淡薄。在这里,家庭结构由大变小和亲属关系由强变弱是隶属同一社会过程的。

对于家庭结构由大变小这一趋势来说,是更好还是更坏(唐灿,2010)?勒普莱对现代小家庭中的利己主义和个人主义,对冷漠的、讲究实际的非私人社会关系,和性放纵、晚婚等价值观念和行为的批评,对亲属间温暖的责任感和紧密联系,以及为了更高的家庭利益而压抑个人情感的愿望的怀念,在其他一些学者中也能够找到回声(唐灿,2010)。滕尼斯(2010)在其《共同体与社会》一书中也表达了自己对基于家庭团体的共同体制度,对源于亲属、邻舍的亲密的、传统的、持久的,建立在非正式关系之上的相互帮助和紧密联系的温情怀念。在许多学者眼中,前工业化时期大家庭紧密而温暖的亲属关系与工业化后小家庭冷漠的个人主义之间的广泛对立形成比照。相反，帕森斯则将家庭结构由大到小的趋势视为一种进步。他认为核心家庭结构和独立于家庭以外的亲属关系网，是大多数现代美国家庭的特点，这种特点增强了家庭与工业制度的相容性。"孤立的夫妻家庭的重要性在于其标准的家户单位。它意味着家是一个居住单位，是一个理所当然地有着共同的经济基础，特别是共享工资性收入的单位，也不必负担配偶一方的任何特定亲属。典型夫妇式家庭与父母分开生活，并且彼此经济独立……通常独立于任何特殊主义的亲属关系。"（Parsons，1943）按照帕森斯的理论，前现代时期农村的社会关系网络往往妨碍个人的主动性，妨碍地理上的流动性，阻碍职业成就和职业流动，它们是"传统主义"和低效的显现，在大多数依靠获致性身份而不是亲属关系取得职业成就的社会中，这是与时代不符的存在。对专业性服务组织的研究似乎印证了上述理论。家庭核心化导致血缘、姻缘关系减少，家庭功能缩小，而专业性服务组织的发达致使人们遇到生活问题时，只要付出金钱即可购买到所需的社会服务，而不需要血缘、姻缘等亲密关系的社会支持（张云武等，2020）。

　　一种对上述家庭结构两分法的质疑是，工业化社会的城市家庭是否如帕森斯所说，是孤立的，削弱了与扩大亲属群体的联系（唐灿，2010）？虽然很多学者依然坚持认为与传统社会的亲属关系相比较，现代社会的亲属关系更加弱化，无论是对于庞大亲属集团的核心家庭，还是对于核心家庭中的个体来说，都比传统时代更加不受亲属关系的束缚，但是，也有学者认为，在很长的一段时期里，城市中现代家庭亲属关系网络的活跃性实际上被学者们大大低估了，家庭体系中亲属义务的弱化被严重夸大（唐灿，2010）。苏斯曼向帕森斯的假设——在向现代化转变的过程中，家庭将经历从扩大家庭到核心家庭的转变——提出了挑战。苏斯曼发现，工业社会的地理距离并没有破坏家庭纽带，这种纽带和亲属间相互援助的模式和情感上的支持依然存在（Sussman，1959）。利特瓦克指出，在美国农村，亲属通常相互邻近，经济交流和相互援助是他们的依靠。随着城市化的到来，虽然个人对其亲属直接经济控制的程度，特别是父母对子女的控制程度逐步下降，但是亲属之间的联系和相互援助模式依然不变（Litwak，1960）。越来越多的学者以各种研究证明，核心家庭"与居住单位之外的亲属群体的联系比迄今想象的意义要大得多"（Ben-Amos，2000）。许多国家出现了相同的家庭体系，其特点是，虽然核心家庭占据主导地位，但是亲族网并没有如想象中的那样消失，它还担负着大量社会功能，核心家庭纳入作用灵活的夫妻双方的亲族网中，并结为一体（雪伽兰，1998）。

本节中提到的亲属关系主要是指发生在凡村中的同村分户居住的亲属家庭之间的关系，不包括那些没有分户的主干家庭，也不包括虽然分户但是还在一个院落中居住的两个核心家庭。当两个老人有几个成年已婚的子女时，与老人生活在一起的子女的家庭和两个老人的家庭合在一起成为主干家庭，而该子女与其兄弟姐妹之间的关系则为本节需要考察的亲属关系的一支。那些没有分户的主干家庭和虽然分户但是还在一个院落中居住的两个核心家庭的人际关系主要放在下一节的家庭内部成员之间的关系变化中加以详细介绍。

凡村作为传统村落，其村民的交往圈和婚姻圈的半径相对较小，村内达到适婚年龄的青年男女在没有自由恋爱的环境和条件时，结婚对象多是家中的亲属或邻居给介绍的，这样除了那些最近才搬迁来的外来户外，几乎每个生活于凡村的家庭都有居住在本村的或多或少的亲属。这些亲属原来由于受到闲置宅基地的位置等条件的限制，相互之间居住的距离是不可控制的。在村改居工程开始后，这些亲属可以自由选择自己的楼号和与谁做邻居，那么，与自己有亲属关系的家庭居住在一起应该是可以想象的，因为这样可以更加方便相互照顾和进行家庭之间的往来。但是，与想象中的不同的是，大多数具有亲属关系的家庭不约而同地选择了不同的单元和不同的楼号，甚至一些有男孩的家庭（他们需要为自己的孩子未来的婚姻准备婚房）选择在其他商品楼区内购买住房。为什么当自己不再受客观条件的限制有自主选择权时，不选择与自己有亲属关系的家庭做邻居？

> 为什么要住在一起呢？这样分开住挺好，自己过自己的日子，要不平时也不怎么在一起。（被访者QJM，2011年7月于被访者家中）

> 住在一起不好，有的亲戚家的小孩儿太淘了，要是住在一起成天往我家里跑我可受不了，我嫌闹腾。（被访者CYL，2011年7月于被访者家中）

住在一起上下楼总能碰到，买个什么东西吧，自己还没吃呢就让人家看见了，你说不给吧显得不好，给吧时间长了谁也给不起，再说人家也不一定稀罕你的东西，还不一定愿意要，尴尬。（被访者 LCD，2011 年 9 月于被访者家中）

现在都是躲在自己家里，不愿意出去串门，不像以前，经常不是这个到那个家去，就是那个到这个家去，路太远了不方便往来，现在都不愿意出屋，也不串门，住远住近都一样。现在出去串门麻烦啊，出门还要换衣服，到了别人家还要换鞋弄景儿的，自己麻烦，人家也麻烦。（被访者 WB，2011 年 8 月于被访者家中）

别说住在一起啦，现在有活我都不愿意找亲戚一起干。前段时间我在工地上包了一个活，我知道有亲戚在家里闲着呢，我也没找他来给我干活，找了几个"另姓旁人"来给我干活，亲戚不好说啊，就是好说也不好听啊，活干得不好说深了不行说浅了也不行，给的工资多了我给不起，给少了他还不愿意，我一想算了，还是别找他了。（被访者 ZC，2011 年 8 月于被访者家中）

现在的亲戚之间往来都要考虑公平，谁也不能亏着谁，不然吃亏的谁能愿意？别看是亲戚，谁吃亏都不行的，吃亏了见面都是"脸子生生"（指摆脸色）的，被访者 WYL 讲述了自己与外甥女之间发生的一件事："刚刚搬迁的时候，因为原来的房子拆得早，这边的房子还没有装修好，我家搬过来的时候人也没地方住，东西也没有地方放。正好我姐家的女儿在新区也分了一个房子，她不住也先不装修，我家就搬进去暂时住在那里了。我的房子装修了差不多一个月，我家就在她那住了一个月。那时是冬天，我只装修好了地热和一个屋子，就从她那里搬出来了，谁知道人家什么时候用呢，再不好意思跟我说，我就赶紧搬出来了。那时要是租房子的话一个月要 500 块钱，我当时给她她没要。那年过年她家孩子来给我拜年，我给了那孩子 500 块钱的压岁钱，算是把钱给还回去了。咱不能欠着人家的，一时半会儿还行，时间长了人家肯定不愿意。"

被访者 WYK 讲述了自己为外甥做担保人的事情："我媳妇的外甥要借

钱贷款买个翻斗车，需要借十万块，借钱的人不相信他，他就来找我给他做担保人。我想是自己外甥就给他做了担保。那年过年的时候他给我拎来了一小桶酒，就是家酿的那种，可能值个 50 块钱吧。他都自己挣钱结婚这么多年了，从来也没在过年的时候给我这个姨夫拿过东西，就今年给我送了酒，就是看在我给他做了担保人的事上，不然他想不起我来。"

被访者 LDY 说："亲戚也不见得就比别人强些，你看我家住四楼，我的亲妹妹就在一楼开麻将馆，跟我一个单元，但是我家的备用钥匙就没有放在我妹妹那里，而是放在我朋友家，我信实不着我妹妹。反而是我朋友人比较好，有时我钥匙忘带了就到他那里去拿，用完了还放在他那。有时下雨了我没在家，打个电话他就能帮我去关窗户，从来没有二话，比我妹妹强百套（很多）。"

被访者 YP 说："我觉得朋友比亲戚强啊，像我一个朋友家开了一家串店，就是专门卖烧烤的，生意火就很忙。有时候我们哥几个闲了就到他那里去帮忙招呼招呼客人或者帮忙穿穿串儿。可是就他那个二姨，在家待着从来不去给他帮忙，隔三岔五地不爱做饭了就到他那里去吃，还不给钱，你说这是什么亲戚！"

虽然从上面几个事例和被访者在访谈中对亲属关系的态度来看，凡村亲属关系确实越来越趋于淡漠和越来越变得具有工具性，甚至有不少被访者觉得亲戚关系不如朋友关系来得重要，但是在不涉及自家利益的情况下，具有亲属关系的家庭与家庭之间的交往和关系还是较"另姓旁人"来得紧密。被访者 DY 讲述了一件事："我侄女在新区这边有一个房子，空着没人住。前段时间她很高兴地跟我说，她的房子租出去了，并且租出去所收的租金很高。我就问她租给什么人了，她告诉我是一个鼓乐队。我一听心里'咯噔'一下，鼓乐队那是什么人啊，那是死人了给人家奏乐的。你自己的房子你不介意，可是你那个单元的别家能不介意嘛，这鼓乐队来来回回地拿的都是花圈、纸人纸马什么的，人家心里能不'膈应'嘛。我就再三地劝说她把租房子的钱给人家退了，不租给那些人了。后来她那个单元的一个住户看到我了还问我，听说你那个侄女想把房子租给鼓乐队？我告诉那个住户，哪有，这不是没成的事儿。那个住户才说，幸亏她没租，她要是租了我就得去找她。你看，我说对了吧，人家肯定不愿意。我自己的侄女被人骂，被人背地里讲究，我这心里也不舒服。"

第四节　家庭内部成员：隐私化与独立化

一般而言，在以耕作为主、交通落后、缺少迁移流动机会的农业社会，婚姻圈比较狭小（王跃生，2006）。这种状态受制于以下因素。一是婚姻方式和信息渠道限制了婚姻圈的发展。传统时代，农村民众世代居住一地，职业流动较少。而依照习俗要求和法律规定，婚姻缔结又需要媒介从中沟通和做出保证（父母之命，媒妁之言）。在正常情况下，能够充当媒介者多为亲戚、朋友和熟人，这是本代或上代所积累的社会关系，他们多居于三乡五里之内。这决定了婚姻圈基本上在这样的空间范围内。二是在"从夫居"为主的婚姻习惯下，对女方来讲，无论家长还是女性本人，都希望婚嫁行为发生后，相互间仍能经常来往。在交通工具落后的时代，要保持这种密切关系，只有嫁在近处，才能方便走动。杜赞奇认为，出嫁闺女的村庄坐落于婚娶媳妇村庄的"联姻范围"之内，这一范围可能独立于集市圈之外，其辐射半径可能以一定时间内步行可到达的距离为准，亦可以原有联姻范围为准（杜赞奇，1994）。

随着凡村交通条件的改善以及村改居之后人们对工资性工作的参与，凡村村民的人际交往圈扩大，与之相伴随的是婚姻圈半径的扩展。新婚夫妻单独居住也使婆媳关系不再像从前那样紧张，不会再因为价值观念或生活习惯的不同产生矛盾。夫妻关系成为家庭关系中最重要的关系（樊欢欢，2014）。年轻女性不仅在空间上而且在心理上与原来的熟人关系拉开了距离，从村庄、亲属关系退缩进小家庭，越来越在乎个体的身体、情感和精神体验，退出原来的人际关系网络、交往规则体系和价值评价体系（杨华，2018）。

孤独感是指个体对自己社会交往数量的多少和质量好坏的感受，当一个人的社会关系网络低于他期望或满意的程度时，个体就会产生孤独感。研究发现，家庭的亲密度和适应性无论对家庭及其成员还是社会都有较大的影响，是考察家庭功能的两个重要指标，它们分别代表家庭成员之间的情感联系和家庭系统随家庭环境和不同发展阶段而改变的适应能力（李斌、陈浩冲，2007）。家庭功能的两个维度分别为：亲密度，即家庭成员之间的情感联系；适应性，即家庭系统对随家庭处境和家庭不同发展阶段出现的问题的应对能力（赵笑梅、周丽，2010）。赵笑梅和周丽（2010）研究发现，当前小学生孤独感更为强烈。

在凡村的未成年儿童中，可以明显地发现相较于十几年前，现在的孩子更加孤僻，不喜欢与大人，甚至是同龄人交往。每天放学后就是待在家中，做完作业后就看电视或者上网，都不会走出家门。这或许是学者们关注到的独生子女缺少与同龄人分享的经验，但这一点不足以解释儿童孤独感的产生。这种孤独感不仅是对于同龄群体而言，还发生在与家长的关系之中，因此，应该注意的还有家庭亲密度和适应性的变化。

Bengtson（2001）认为在当前美国社会中，多代之间的联系在美国家庭代际关系中的重要性呈现增强的趋势。祖父母在当代家庭中提供许多非知识化的功能，他们不仅为家庭中少一辈提供经济资源，在孙辈的社会化过程中扮演重要的角色，而且在家庭代际关系中起到缓和和改善的作用。Olsen（1974）认为在主干家庭中，祖父母在孙辈的社会化过程中不仅直接起到指导和规训的作用，而且由于主干家庭的成员比核心家庭的成员多，祖父母的亲属关系更为复杂，这样在日常生活中，孙辈会接触更多的亲属关系，并且在这样一种亲属关系中学会合作、服从。Olsen（1976）在另一篇对中国台湾的主干家庭进行研究的文章中提出，由于祖母更加关注孙辈行为上的控制和服从，因此在主干家庭中生活的孩子更多地服从传统文化价值观的规训，行为上表现出更多的合作与服从。这在本研究所做的问卷结果中也可以表现出来，当问及你觉得小孩子的哪种品格更为重要时，有58.6%的50岁以上的被访者认为听大人的话，能与周围人融洽相处更为重要，而有近90%的50岁及以下的被访者认为有独立想法，能独立做事，有闯劲是小孩子更为重要的品格，这些青壮年父母对子女形成了独立性人格的期望。凡村在搬迁之后，许多原来的主干家庭分解为核心家庭，这使得祖父母对孙辈的影响减弱。这种影响减弱主要表现在日常互动过程中，语言上的规训和行为上的示范作用减弱，在社会化过程中，传统文化价值观中强调的合作与服从，从祖父母传递到孙辈的途径减少，强度减弱。不仅如此，在原来的主干家庭中，年轻人的育儿经验主要来自其父母，在核心家庭中，长者对年轻人教导孩子的方法给予更少指导，年轻人主要从其他途径，如电视、电脑上习得与传统方式不同的育儿经验，新的社会化方式催生了与传统家庭代际关系不同的新的强调自主性和更少服从的家庭代际关系。

村改居之后的凡村不仅在村落自然边界和周边公共空间的自然环境上发生了变化，同时还从原来的院落式的平房居住格局变成了现今的单元楼式的居住格局，房间格局发生变化，并且各房间的功能也出现了分化。

费孝通曾经在《乡土中国》一书中阐明从人与人的空间分布及移动所发生的距离和接触来考察其对于社会生活的影响（费孝通，2007）。克罗伯曾经说过，"一个人无论如何总得有一个住处。没有外婚团体，没有嗣续原则，没有图腾，一个人照样能活，可是和人一同住却必然产生有社会影响的联系"（转引自费孝通，2007）。布迪厄在对卡比尔人的房屋空间进行研究时提出，孩子生长在这种房屋空间内会自动地接纳卡比尔人关于人际关系的认知和价值观，特别是自动地接纳关于家庭代际关系的认知和价值观（布迪厄，2003）。阎云翔也注意到住宅不仅仅是物理意义上的空间，同时还包括社会空间，在房屋结构的背后蕴藏着更加深刻的社会空间原则，人们就是通过这些原则来组织日常生活和界定人际关系的（阎云翔，2006）。居住空间、邻里空间、绿地等对邻里、教育及家庭结构演变都有明显的影响，不同群体在不同空间的使用行为上存在差异，由此可能产生社会隔离（郎晓波，2019）。

在村改居工程实施之后，村落自然边界的模糊化，陌生人频繁的往来流动，以及小区周边公共领域无论在范围上还是在自然环境的舒适度上的优化，都使得凡村村民增加了与陌生人的互动和来往，也增加了个体化家庭在与熟人频繁往来关系中抽离而单独享受自然环境的静谧和自由。

院落式的平房居住格局的消失，使得院落这样一个原来作为私人领域的延伸和公共领域对个人生活侵入的交接空间不再出现，人们的生活被隔离成为私人领域和公共领域两个明显对立毫无交界的独立样态，真正成就了"躲进小楼成一统"的生活模式。

单元式楼房内的独立空间促进了个人隐私权的发展，与原来几代人共同居住的卧室相比，独立的卧室使儿童更加看重自己的私人空间。在访谈中了解到，有些自主性较强的孩子甚至不愿意父母进入自己的卧室。不仅如此，单元式楼房隔绝了原来熟人社会中人们之间亲密的交往关系。家庭中的成员更多的是以个体为单位和主体与自己所建立的人际关系在公共空间内进行来往。同时，父母与邻居和朋友之间的交往方式更加不易被儿童观察到，这进一步减少了儿童社会化过程中对传统文化规范与训诫的习得。

　　除此之外，还需要注意的是，在村改居之后，原来属于亲属关系或者邻里关系的家庭选择不居住在一起。这与许多人在村改居之前所提及的恰好相反。那时人们聚在一起想象撤村建居之后的生活时，总是会聊到在撤村建居之后选择与自己关系好的家庭住对门或者住楼上楼下以方便彼此之间日常生活中的往来，但是在撤村建居之后选择居住的楼号、单元和楼层时，人们不约而同地选择了与原来谈到的相反的居住分布。这不仅是为了选择自己觉得好的楼号、单元和楼层，还有其他方面的考虑（如本来的关系就较为淡漠，不愿意参与麻烦事等）。许多凡村村民觉得在土地征用补偿款一次性发放之后会选择搬出现在所居住的居民区，而另外选一处商品房居住，远离原来的村落熟人圈，不愿看到熟人，不想被关注也不想关注别人。这在一定程度上反映出，有选择条件下的家庭居住分布实际上是人际关系已然发生变迁的一种具体表现。

第五章　礼物交换、商品交换
与凡村人际关系变迁

　　中国儒学家梁漱溟先生早在 1949 年出版的《中国文化要义》一书中就指出，中国是一个"关系本位"的社会。他指出，吾人亲切相关之情，发乎天伦骨肉，以至于一切相与之人，随其相与之深浅久暂，而莫不自然有其情分。因情而有义……伦理关系，即是情谊关系，亦即是其相互间的一种义务关系。伦理之"理"，盖即于此情与义上见之（梁漱溟，2005）。

　　林南（Lin，1995）通过对中国天津大邱庄的调查也认为，地方性协调的建构基础是地方网络，主要是家族亲属关系。关系网络作为具有地方特色的制度历来是中国人的传统，与所谓的社会主义原则和现行的市场原则没有必然的关联，相反，它在这两种原则之外构成了第三种原则——关系制度原则。这一原则渗透在转型期的经济、政治与社会制度的各个层面，这种土生土长的根植性关系网络使整个村庄集体得以稳定地存在。关系网络构成地方性协调的基础，也因此整合了村庄集体和这个集体同地方的关系。

　　在对中国特有的"关系社会"进行研究时，一些中国学者开始尝试将关系与其他本土概念作为从总体上理解中国社会和文化的概念工具，能够彰显"关系"的最为重要的概念即礼物交换。

　　许多对礼物交换加以研究的人类学家都把交换看作社会性的，因而交换的目的不是功利而是建构一种社会秩序，也就是交换本身使社会的存在成为可能。礼物交换理论主要源自马塞尔·莫斯（Mauss，1954）的名著《礼物》。莫斯通过研究社会交换，提出建立在"相互性"基础之上的"社会融合"。

　　受莫斯启发，许多学者将礼物馈赠视为一种创造、维持并强化各种社会关系的文化机制。因此，在社会整合的辩证过程中，礼物交换与人际关系是紧密相关的。正如萨林斯（1972，转引自阎云翔，2000）所概括的，"实物流动和人际关系之间的联结是相互的。某一特定的社会关系可以界定物品的既定运动，但某一特定的交易也同样能促成特定的社会关系。如果说朋友创造出礼物，那么礼物也创造了朋友"。关系是地方世界的动态结构，它可以通过无止境的礼物交换过程来加以说明。

阎云翔（2000）在其《礼物的流动：一个中国村庄中的互惠原则与社会网络》一书中指出礼物交换在中国的重要性，他认为，尽管礼物交换存在于所有社会，但它在历史悠久的中国文化中显得尤为重要。与许多别的社会不同，中国的社会关系结构在很大程度上是由流动的、个体中心的社会网络而非凝固的社会制度支撑的，因而礼物馈赠和其他互惠交换在社会生活中扮演着重要的角色，特别是在维持、再生产以及改造人际关系方面（Yang，1989）。

既然如萨林斯所说，关系是地方世界的动态结构，它可以通过无止境的礼物交换过程来加以说明，那么，用礼物交换方式来理解地方世界的人际关系就是一种再好不过的途径。而在莫斯那里，在由礼物交换所形成的人与人的交互关系中，每个人都参与到他人的生活中，每个人的物质利益与道德生活都与他人相关，礼物成为一种符号，同时象征着我们对物质满足与社会团结的期待。通过以礼物交换为原型建构起来的彼此混融的相互主体性使具有延展性和交互性的社会关系在个体身上表现出来，这一点被后继的研究者所认可。就这一点而言，通过礼物交换方式来理解地方世界的人际关系无疑是一种更加贴近个体的理解方式。那么，礼物交换是如何创造、维持并强化社会关系的？要理解并解释这一问题，首先要考虑的是礼物交换与其他社会交换方式的区别，其中最重要的就是商品交换方式。

交换是生活中的一个重要方面，许多社会学家从人类学那里获取灵感，交换关系成为他们的核心关注点（Carrier，1991）。礼物交换和商品交换中表现出来的不同的社会关系形式是学者研究交换关系的一个重要视角。

第一节　礼物交换与商品交换两种人际交换类型

山口重克（2007）在对市场经济和非市场经济加以区分时指出，人们劳作于自然，并将在自然中获取的物品进行加工、消费的行为构成了人类生活的物质基础。假如将这种获取和消费生活物资的人类活动，或者在这种活动中建立的人际关系，称为"经济活动"或"经济关系"，并将其简称为"经济"的话，那么，可以说"经济"在人类诞生后的任何时期、任何社会都是存在的，尽管它可能采取各种不同的形态。市场经济只是对其中一种形态的称呼而已。假如人们在从事上述经济活动、建立经济关系时，将物品作为商品进行交换，使用货币进行买卖活动，或追求货币的增值，那么这种经济便被称为"市场经济"。根据情况的不同，有时人们也会使用"商品经济"或"货币经济"这样的用语（山口重克，2007）。可见，商品是市场经济形态中生产者和使用者之间交换的特殊物品，生产者和使用者分别是为了获取商品的价值和使用价值。在市场经济形态中，交换通常是作为商品交换关系实现的，而在非市场经济形态中，物品和服务不是通过市场交换而是通过互酬互惠和再分配在社会中转移的（山口重克，2007）。换句话说，在非市场经济形态中，交换者之间的互通有无主要是通过礼物交换关系实现的，礼物的形态可以表现为物品，也可以表现为服务。礼物交换的双方不是生产者和消费者的关系，而是赠予者和接受者的关系。对于莫斯来说，"礼物"（gift）一词的含义不同于之前被普遍理解的含义。Cheal 曾经详细分析过交易的类别，指出"礼品"（present）一词通常指非功利性的物品，有意识并带有一定礼节性赠予的"物品"则是"礼物"（Cheal，1988，转引自 Carrier，1991）。对于莫斯来说，礼物是区别于更纯粹的金钱、物质或关系的，以社会的部分特质进行交换的任何物品或服务。这一理解区别于一直沿用的概念。在这一理解中，礼物也包含劳动在其中，劳动也可以作为礼物（就像它也可以作为商品一样），尽管这一礼物并没有通常的品貌特征。事实上，在许多情况下，在赠予的是物品还是劳动之间并没有清晰的区分，如主人为客人准备一桌菜肴，那么，他给出的是单纯的菜品还是亲自下厨的劳动？这一问题在那些并不将物品作为赖以生存的对象的社会中显得尤其明显。因此，礼物相较于礼品来说更加无孔不入，特别是在朋友和家庭成员之间。只看礼物本身并不能确定是物品还是服务，也不能确定赠予和接受的形式和礼节。相反，使礼物成为礼物的是交换发生中的关系（Carrier，1991）。也就是说，使商品成为商品、使礼物成为礼物的正是商品交换和礼物交换发生中的关系，这种关系不仅包括交换者之间的关系，也包括交换者与交换物品或服务之间的关系。也正是这种关系的存在，使商品交换与礼物交换之间的联系和区分成为可能。

那么，商品交换和礼物交换分别发生于怎样的社会关系之中？商品交换和礼物交换的过程分别指向了怎样的社会关系？在商品交换和礼物交换过程中，交换者与参与交换的物品和服务之间的关系又分别有怎样的表现？商品交换与礼物交换是截然相反的交换类别吗？换句话说，在商品交换和礼物交换之间是否存在过渡性的且同时包含两种交换属性的其他交换方式？

对礼物交换和商品交换的诸多理论加以梳理，可以看到两者的区别主要表现在以下四个方面。

第一，礼物交换承载着商品交换中所不具有的义务性，即礼物交换关系中交换双方之间具有义务性，商品交换关系中没有。

商品交换是自由的，而礼物交换则是带有义务性的。莫斯认为在礼物交换关系中存在送礼、收礼和还礼的义务，否认这些义务就等于否认与其他人的社会关系的存在。送礼的过程就是将礼物与赠礼者的人格一同而不分离地送给了受礼者，后者也因此成为情感上的"欠债者"，因而便埋下了一种寻找机会答谢的责任约束。物跟人原本就结合在一起，由人传递出去的物，其本身就具有了一种约束力。

赠予义务的履行行为并不能相互抵消（Carrier，1991）。通过将此次义务的履行视为整个礼物交换过程的一部分而再一次确认并加强了礼物交换双方的关系，并且再一次建立了礼物交换双方之间的新的义务关系。如果一个人帮助他的邻居搬了一些石头，之后被帮助的邻居在一次机会中偿还了这次人情，这并不是简单地将义务进行了抵消，而是再次确立了邻里关系的维续，也再次确认了以此种方式继续先前的赠予和接受的责任（Carrier，1991）。

商品交换关系则是不同的。在这种关系中，交换是作为一个人与另一个人的义务关系的解除来完成的，这反映了自由而独立的个体仅仅是暂时与他人交易商品，而不存在两者之间的关系的延续状态。商品交换关系中的购买者有义务为其所购买的商品向售出者支付费用，但这种费用的支付同时解除了买者与卖者之间的相互义务，也解除了买卖双方之间的关系。实际上，只有当行动者相互之间是自由且独立的时，他们才能不受影响地保护自身的利益来参与到商品交换之中。这也正是商人不愿与熟人做生意的原因，因为只有这样才能从纯粹的收益角度去完成买卖义务，而无须考虑关系是否在买卖过程中受到影响。

第二，礼物交换关系中交换者与交换物之间具有不可分割性，商品交换关系中交换者与交换物之间具有必须分割性。

莫斯在将礼物交换和商品交换加以比较时指出，礼物最核心的特征是其集体性，集体性是至关重要的，正是有了这种礼物背后所承载的集体性，人和物才没有被分离开来。人生产出来的物、使用的物都跟一个人密切地联系在一起，这是礼物经济成为可能的前提条件。一句话，送出礼物也便是送出了一个人的人格。在交换的时候，氏族社会的人不可能设想去交换跟自己本人分离开的物，因而礼物交换就是交换一种整体的人格，这样的礼物"一定程度上是人的一部分"（Mauss，1954）。比较而言，商品是与人相分离的，它并没有负载售卖者的任何特征和关系。

当正式的礼物被错误地送出而遭到拒绝的时候，礼物、赠礼者和受礼者之间的联系就可以被特别地观察到，因为礼物承载着赠礼者的关怀和情意，拒绝礼物的同时也拒绝了赠礼者以及赠礼者与受礼者之间的关系。正因为作为礼物赠予的物品是不可分割的，所以这种物品也是独特的。正如莫斯所说的库拉圈的价值，它们"不是无关紧要的东西，它们包含着比钱币更多的含义……（它们）有名字、有个性、有过去，甚至承载着故事"。正是这些特性使礼物具有价值，使其脱离了像金钱那样的抽象价值。即使是一个普通的物品，当它被作为礼物送出时也变得独特，因为它标明了赠礼者与受礼者之间的关系，标明了赠予行为发生的场合。正如 Baudrillard 所说的那样，"一旦被作为礼物送出——也正是因为这样——它就只能成为它而不是其他的任何东西。这个礼物是独特的，因为它不仅指涉到参与交换的人，也指涉到发生交换的特定场合"（Baudrillard，1981，转引自 Carrier，1991）。

相比较而言，在商品交换关系中，人们将物品看作抽象的使用价值，物品的意义在于其使用价值而不是其独特性。换句话说，商品交换关系中的物品是可以被替换的。一旦商品买卖行为完成，被交易的物品就远离了曾经拥有其过去的人。购买者可以随意地毁坏它、消耗它或者用它来创造财富，所有这些都不需要考虑商品生产者和商品销售者。商品交换中进行交换的物品与交换者之间则具有必须分割性。而在不可分割的礼物交换关系中，赠礼者对礼物有持续的声言权，在极端的例子中甚至可以要求受礼者对礼物采取特定的使用方式。

　　第三，礼物交换者与商品交换者属于不同的社会关系。

　　礼物交换双方与他们不可分割的属性相关联，并作为关系中的一方有义务以合适的方式去赠予、接受和回报礼物。换句话说，礼物交换双方并不是独立于其社会关系的个体，而是处于围绕在他们身边的社会关系结构中不可分割的位置上以独特的方式被界定的社会人。这也是为什么 Parry 说，"这不是独立的个体，而是承担着交换义务的道德人"（Parry，1986，转引自 Carrier，1991）。由礼物交换所掌控的社会中，亲属结构通常为人们的认同、关系和相互义务奠定了基础。礼物关系意味着不可分割的认同和义务，其中包含的交换并不是那些认同与关系的结果，相反，是交换建立和维持了认同与关系。

　　在商品交换关系中，人们也可能会相互联系，并对双方负有义务，但是这种联系不同于礼物交换关系中的联系。因为商品系统依赖于"物品再生产的社会诸条件"（Gregory，1980；Carrier，1991），商品交易的双方被他们在生产和分配系统中的互补位置所限定和联系，因此，他们仅在抽象和一般的意义上相互联系。

　　第四，不同类型交换关系中存在不同程度的义务性、不可分割性，社会关系紧密程度和感情也不同。

　　阎云翔通过对中国人礼物的研究，认为互惠本身根植于潜在的文化基质之中，从而不仅在不同的文化中有不同的表现，甚至在同一文化的不同情境中也会有不同的表现。因此，有必要探讨互惠与其文化前提之间的关系。在中国的个案中就是人情伦理的模式。互惠模式中包含着两个基本要素，即礼物总是迫使受礼者回报，以及单向赠礼产生赠礼者的权力与声望，通过对这两个基本要素的批评，阎云翔认为单的互惠原则已经不足以总结一般性的礼物理论，总有一些关于礼物的东西不能从经济理性的角度给予解释。这些不能从经济理性的角度给予解释的就是礼物交换中所包含的感情。

　　阎云翔指出仅有互惠原则事实上不能涵盖一般性的礼物理论，中国的礼物馈赠是一种人情表达方式，存在一种人情的伦理模式，渗透到礼物当中的精神同时蕴含着道德意味和情感意味。界定村庄中关系和人情的基本形式的两个特点为：一是关系和人情带有人际关系中道德责任和情感依赖的色彩；二是在长期处于网络之中的人们之间又具有稳定的相互性的特点。

在一个联系紧密的乡村社区，关系的培养主要是一种文化建构自我的途径而不是与他人交换资源的策略，人情主要是个人道德世界的一部分而非一种可交换的资源。关系和人情的基本形式是乡村社区安土重迁（或缺乏社会流动）的结果。在那里，大多数居民终生为邻。这种环境中的互惠期望和个人利益的追求可以通过培养长期、稳定的关系来实现。在城市化后的人际交往中，市场经济内在的等价交换原则无孔不入，曾经互惠互利、互通有无的亲友之间往来发生了历史性嬗变，甚至出现经济交换和社会交换的严重错位（雷丽，2019）。

情感联系与道德责任密切相关，情谊可以通过一个人在私人关系中的责任感来表达。渗透在礼物当中的精神，同时包含有道德意味和情感意味。村民们交换礼物，以增进感情、巩固关系，换言之，发展感情联系和培养私人关系两方面的因素赋予了礼物交换实践以意义。

第二节　从礼物交换到商品交换：
情感关系断裂

征地搬迁之后与征地搬迁之前相比，凡村村民的生活发生了两种基本变化：一是劳动方式的改变，征地之前以农业生产为主要劳动方式和生活来源，征地之后完全脱离了原来的农业劳动方式，变为工资性收入的劳动方式；二是居住方式的改变，撤村建居之前村民主要居住在独立的家庭院落内，家庭结构以三代构成的主干家庭为主，撤村建居之后村民则居住在由原来的多户村民共同居住的单元式楼房内，家庭结构以父子两代构成的核心家庭为主。劳动方式与居住方式的改变带来了村民生活的一系列变化，这种变化尤其反映在凡村人与人之间礼物交换方式的改变中。

"礼物"一词由两个字组成。第一个字"礼"的意思是仪式、礼节以及诸如忠孝的道德理念的仪礼性表达。第二个字"物"的意思是物质的东西。值得注意的是，从词源上讲这个词暗示了礼物不只是物质的礼品，它还承载着文化的规则（礼节）并牵涉到仪式（阎云翔，2000）。

礼物的物质内容和它的文化意义及仪式情境是浑然一体的，因此，礼物交换的分类不能单纯地基于所赠物品的类型，或者只是基于礼物交换中潜在的经济原则。阎云翔认为构建一个分类体系的最好方法是将礼物交换的场合作为基本范畴，进而通过这些场合所置身的不同情境来区分它们。"场合"在这里是指通常会牵涉到馈赠活动的社会事件，这些场合中的交换行为受到文化符码的限定。"情境"的意思是指送礼者与收受者之间的社会关系。

为了进一步对礼物交换的情境进行分类，需要区分仪式性的和非仪式性的礼物交换。在地方话语中就是"大事"和"小情"的区别（阎云翔，2000）。"大事"包含了庆典性的因而是制度化的送礼情境，而"小情"则通常指称日常生活中所有的馈赠事件。虽然无论在质量上还是数量上，非仪式性的礼物都比不上仪式性的礼物引人注目，但是它们在乡土社会中生活意义的创造和社会网络的强化方面扮演着同等重要的角色。

在大事场合中的仪式性送礼，以主人设宴、对精选的客人的正式邀请及礼账记录为特征，所有这些特征在非仪式性送礼当中都不存在。宴席或"酒席"在诸如订婚、婚礼和盖房之类的重大家庭庆典中提供。主人要请一小群帮手来准备饭菜，其中包括一位手艺好的厨师，除了厨师是由主人特别预先邀请的之外，其他的帮手由住在附近的亲友或者邻里组成，他们一般都是主动前来的，在凡村，他们被俗称为"劳忙的"。酒席的规模通常是通过在整个仪式期间主人家提供的饭桌数量来计算的。因为一次酒席一般要办十几桌到几十桌不等，这样就需要一些帮手，他们的任务包括给厨师打下手，如洗菜、切菜等；把盛好菜的盘子从厨房端到不同房间的饭桌上，并招呼客人享用酒菜；将每轮酒席吃完后的桌子收拾干净并将厨具洗净以供下一轮客人用餐。一般情况下，举办酒席的主人家的庭院空间不足以坐下前来参加仪式的所有客人，因此酒席一般分成几轮进行，这在凡村被称为"几宥"，而不同的客人会被安排在不同的席次中，例如，新娘的娘家客一般会被安排坐第一席。这样，在准备酒宴和收拾席面时就需要很多帮忙的人。饭菜的质量和数量各家不一样，要根据主人的经济能力和个性而定，不过，总有一个反映整个村子富裕水平的一般标准，如果酒席上的菜肴大多数是"硬菜"，即贵重菜肴比较多，超过了村子一般酒席的标准，则是一件令主人光荣的事情；如果酒席上的菜肴没有那么"硬"，远远低于村子一般酒席的标准，则会被村里人耻笑，令主人丢面子。

与酒席一样，正式邀请，即"请帖"，构成了仪式性庆典的一个重要特征。现在在酒店中举办酒席的正式邀请一般是写在特意购买的精美的请帖上面，由主人家的年轻男性亲属到各家中去送达。而在村改居之前，仪式性庆典的邀请程序和请帖都不够精致与正式，为了方便而用口信代替请帖的情况比较常见，村落内部一般都不发正式邀请，主人仅仅通过闲聊这种非正式渠道来宣布即将举办庆典，而被主人间接告知的客人又会在与其他人闲聊的过程中将这一消息更为广泛地散布出去，总是在不到正式庆典的日子前，村落中的人就几乎周知了这一事情，村落里的人对这一时间的掌握总是恰到好处。就算可能有人因没有得知要举办庆典的消息而错过了仪式没有随礼，也可以在事后拜访主人并送上礼物，这种事后补礼的方式也被村落中的人所认可。由于村改居之前，仪式是在自己家中举办，这种举办仪式的方式更容易被邻里知晓，因此无须特意发出正式请帖来通知客人。而村改居之后，宴席是在酒店中举办，如果不是客人特意问询，这种举办仪式的方式使得无论是仪式举办的日期还是仪式举办的场所都是不易被想要前来的客人知道的，并且住进单元式楼房之后，互相之间的信息交流不够通畅，就更加不易将要举办庆典的信息加以传播，因此只能采用正式请帖的方式告知想要邀请的客人。这种方式虽然避免了前面所说的有客人错过仪式的情况，但是也带来弊端，例如，有客人本来是不愿前来参加庆典的，在收到主人的请柬后就会显得很尴尬。

仪式性庆典结束之后，主人总会留下一份正式的礼单。以前的礼单是由红纸制作成的册子，用毛笔书写（葬礼单用黄纸做），又称为礼账。最近几年，在商店中购买更加精美的礼单册子是更为流行的方式，这种精美的礼单册子无须再用毛笔书写，只要是字迹端正的人都可以完成这一原来只能由特定的人完成的任务。礼账是举办仪式性庆典的主人收到的所有礼物的正式记录。在所有涉及礼物馈赠的重要仪式中，为了记录收到的礼物，要在正屋旁边一个方便的地方设置记账的桌子（由于主人家中要办酒席，所以大部分账房设置在邻居家中），该场所叫"账房"，通常有一个显眼的手写标志来指示，如果没有指示，也会有专门待客的人员来指引。在进入正屋坐席之前，所有客人都要先到达记账的地方，他们在那里上礼，并看着他们的礼物登记入册。一般会有三个人在账房工作，第一个人负责收取送礼者的礼金，并大声宣布"某某某礼金多少元"，这样做的目的是让记账者听清楚，同时让上礼者确信自己的礼物被记账；第二个人（通常受过教育并擅长书法，在村中几乎每个仪式性庆典中都由固定的一个人来担任，而现在就不同了，现在是用硬笔来写成，只要写得工整就可以帮主人家记账）在礼单上写下赠礼者的名字和金额；第三个人（一般是和主人关系比较亲近，主人信得过的人）从第一个人那里拿过礼金并放到一起妥善保管。到了典礼结束的时候，三个人要一起向主人汇报所收取的礼金总金额，并把礼金连同礼单一同转交给主人。核查礼单是主人在典礼之后要做的头一件事，主人想清楚地知道谁参加了、谁没有参加以及礼物的价值。换句话说，人际关系方面的任何变化都会在礼单中反映出来。主人将把礼单保存在一个安全的地方，并把它看作社会关系和所接受的人情的记录。当他需要决定自己在类似的情境中应该回赠给某人多少礼金时，他常常会以所记载的礼单为依据。而一次正式庆典所收到的礼金的多少同时反映了主人日常生活中人际关系网络的大小和在人际交往中投入的多少。某个人家举办完正式庆典后所收的礼金数额会被村里的人议论和品评，比如村民会讨论主人家亲属的数量以及亲属的礼金（一般亲属多的人家所收到的礼金数额也会相应较多，因为亲属的随礼会较其他人多），主人家与周围邻里之间的关系走动与礼金多少，等等，在这种情境下，一个人必须仔细考虑他的礼物是否合适，因为社会的奖惩正是通过现场的闲话来实施的。

与参加者更为亲近、数量也较少的非仪式性的馈赠场合不同，在仪式性的礼物交换中反映出来的关系网络，真实而具体地表现了某家的社会关系的总体。仪式性礼物交换主要是围绕一个人的生命周期来进行的，下面的描述同样也遵循人的生命周期过程来阐述。

生育庆典

生育庆典在凡村俗称为"下奶"。几年前，是在孩子出生后头一个月中的任何时间里，亲戚朋友来看望新出生的婴儿并携带一些礼物，在这种情形中馈赠的礼物，通常由村民们认为有营养的各种食品构成，包括鸡蛋和奶粉等，送给婴儿的衣服或者小被褥也是合适的。但是最近几年，"下奶"的日期逐渐固定下来，直系亲属一般是在婴儿出生后的第十二天去"下奶"，而非直系亲属的亲戚朋友则一般是在请满月酒的那天以随礼并吃满月酒的方式直接简单地完成对生育庆典的参与。

考大学或参军

这种仪式性庆典是最近十年才流行起来的。虽然在十年前的农村，考入大学和参军意味着获得了一个向上流动以离开农村的机会，但是在这种仪式性庆典中，一般只有家庭中的直系亲属参加以示庆贺，虽然直系亲属也会给予考入大学或加入部队的孩子一些礼金，但这多半意味着对其的鼓励。最近十年，这种本来由小范围亲属参加的家庭式庆典逐渐演变为几乎要与婚礼等重要仪式性庆典等同的人生活动，在凡村，几乎每个有子女考入大学或者参军的家庭都会举办这种庆典，在这种庆典中，客人同样要给礼金，原来更具有鼓励和支助意义的对子女金钱的赠予转变为家庭与家庭之间明晰的随礼的一种不可小觑的方式。

盖房或上楼

在村改居之前，盖房是一件重要的人生大事，无论是希望自己的家庭有一个更舒适的生活环境，还是为已经达到婚龄的儿子准备新房，都需要集中家里的财力物力去建一所新房。盖房仪式以将主梁放在屋顶的活动为中心，在凡村，被称为"上梁"。去参加别人家的"上梁"时不仅要赠送礼金，还有人提前去买红布在"上梁"的当日赠送给主人家，而主人则将收到的红布挂在主梁之上。主人家日常交往的人际关系网的大小在这时可以明显地表现出来，日常交往中，主人家的人际交往广泛，在"上梁"的当日所挂的红布就多，这被象征性地视为主人家的吉兆。红布礼在凡村被称为"红"，而将红布挂在主梁上，被称为"挂红"。由于来参加"上梁"的客人同样赠送了礼金，因此账房和酬谢客人的酒宴也成为主人家应该准备的不可或缺的部分，主人家同样要在"上梁"日期之前找到一些帮助筹备酒宴和在酒宴当天提供服务的人，不仅如此，由于"上梁"还需要有一些特别的活动，如洒公鸡血和挂五谷米等，需要特定的福寿双全的人来完成，因此在事前还要去通知和请求这些人来帮忙。房子建好之后，在主人迁入新居时还要举行一个小型的家庭仪式，邀请直系亲属或至交好友来参加，这在凡村被称为"暖房"，是为了聚集人气，使新居看起来更加"热锅热灶"。在这种家庭仪式中，赠送的礼物主要是厨具和食品，主人一般只简单地招待客人，不提供酒宴，也没有礼单，在偶尔情况下，比如来参加"暖房"的客人都是很熟络的人，或者主人家为了使自己的新家更具人气，也会即兴提出一起吃饭，这时一般是以客人所携带的食物作为食材，在主人的新家中生火做饭，并在新家中一起用餐。在村改居之后，凡村村民都搬入了单元式楼房，传统的盖房"上梁"的仪式已经失去了它存在的空间和意义，但是，"上楼"这种以另一种形式存在的庆祝乔迁之喜的随礼方式衍生了。在"上楼"这种庆贺中，没有了原来的赠送红布和"挂红"的程序，没有了洒公鸡血和挂五谷米的仪式，只单纯地剩下了在酒店中设置的礼账桌和酒席。

婚礼

婚礼在中国各个地方的仪式性庆典中都可以作为人生中最为重要的仪式，在凡村也是如此。在村改居之前，婚礼仪式上的礼物赠予活动是较为复杂的，在婚礼仪式上赠送的礼物主要包括以下几种：客人在参加酒宴之前在账桌上写明的送给新人父母的礼金、客人在酒宴上新人点烟时送给新人的礼金、新人父母送给新人的礼物、客人送给新人的礼物以及送给那些提供各种服务及帮助主人完成婚礼仪式的专门人员的现金或者礼物。

账房和收礼人员的选择是举办仪式的主人必须首先考虑的事情。一般有两位司仪，司仪在凡村被称为"待客的"，会被主人请来指导和掌管仪式期间的各项程序，他们不仅要负责给已经到账房上了礼的客人安排席位，包括安排娘家客和婆家客的席位和座次，还要决定如何以及在何时代表主人向特殊的客人和其他仪式的专门人员另外赠送礼物。送给主人的礼金多少反映了收受双方的亲密程度。新娘的娘家在新郎家里履行典礼的前一天所完成的典礼，通常是不太隆重的，所交换的礼物也相应较少，但是在新娘家的典礼中要决定的是由谁在第二天的婚礼正日里代表娘家人去送新娘。这是给娘家人撑门面的重要场合，去的人越多，随礼的礼金越多，就越能代表娘家人的人脉与实力，新娘在婆家人面前也越能抬得起头。因此，新娘的父母不得不在婚礼正日以前就预先决定好由谁去"送新娘"、参加新娘的正式婚礼，并要按照自己决定的名单去告知和请求对方。如果是日常人际交往广泛且至交亲属较多的人家，这些至交亲属多半会主动要求参加送新娘和正式婚礼的活动，这会使娘家人看起来日子过得很红火。一些相对来说关系较远但是也有随礼往来的人家就会选择不去参加正日的结婚典礼，而在前一天前往新娘的娘家去参加由娘家人举办的小型典礼并随赠礼金，这是送给新娘父母的。

除了送给主人家的礼金之外，还有一些礼物是送给新人自己用的。新郎父母送给新人的礼物，包括婚床、家具和家用电器等，和新娘父母送给女儿的嫁妆，如被褥、毛毯等细软，在婚礼期间正式且公开地搬进新房。这些礼物的赠送也有相应的仪式，例如，要由新娘的兄弟，如果没有亲兄弟也可以由表兄弟或者堂兄弟来代替，来负责给新房挂钟，要由新娘的妈妈负责把新床上的被褥叠整齐放在新床靠里的固定位置上，并要找到一个子女双全、家庭幸福的女人来"坐福"，即在新娘坐到新床上之前，由该女人先在新床上坐一坐，意味着可以将福气传递给新人。新娘和新郎还会收到私人的礼物，在举办正式婚礼的时候，新人可以收到"改口钱"，即正式将称呼改为爸爸妈妈，称呼过之后，由新郎的父母送给新娘红包，新娘的父母送给新郎红包，并说一些祝福的话语。婚礼仪式之后，新郎和新娘要在每桌酒宴上面为每个到来的客人点烟敬酒，这时新娘会随身挎着一个红色的小包，每给一个客人点完烟、倒完酒并称呼过之后，客人就会拿出预先准备的红包塞到新娘的包包里面，这叫作"点烟认亲钱"，钱的数额多少依照客人与主人家的关系远近和以往随礼的礼金由客人自己决定。

除了以上的礼物赠送以外，还有一项是要提供给特殊的参与仪式性服务的人的礼物，例如，上面提到的给新房挂钟的新娘的兄弟就会得到一笔不少的现金馈赠。除此之外，还有一些新郎家必须给付的现金馈赠，比如在新娘去往夫家时在其身边陪伴的"童男童女"，这两个小孩一般是在新娘家的亲戚中选取的学龄前儿童。

祝寿

在凡村，老人的66岁和80岁是两个需要隆重加以庆祝的年龄。几年前，为老人祝寿还只是在家庭里，至多是在家族范围内开展的生日庆典，而最近，这一仪式性庆典已经成为普遍流行的正式的随礼场合。所有在以往正式庆典中存在的因素，包括送出正式请帖、设立账桌和设置酒宴等，在如今的生日庆典中都可以看到。在凡村，由子女操办的为老人庆祝寿诞的仪式性庆典并不是在老人的生辰当日举行，66岁老人的祝寿庆典一般是在正月初六举办，而80岁老人的祝寿庆典则一般选择在正月初八举办。由于村庄中同龄的老人总是会不止一个，因此，每年的正月初六和初八，就是举办庆典的鞭炮声此起彼伏的日子。在这两天中，很多家庭要参加多个人的生日庆典，有时甚至要全家出动，家庭中的每个人都要负责去参加其中一个人的庆典仪式并附上礼金。如果家中实在抽不开身，就会选择去参加其中的一个庆典，而其他的祝寿庆典就会让别人把礼金带去，这就是"人不到礼到"。

探望病人

探望病人是涉及礼物馈赠的另一情境。如果亲友中有人生病住院而自己不去探望会被周围人认为是不懂礼节的，会破坏双方之间的交往关系和感情。几年前，探望病人通常携带的礼物是送礼者认为的利于病人康复的食品，如鸡蛋、水果、糕点等，但是最近，探望病人不再送食品，而全部改为现金。被探望的病人会将这笔礼金记入家庭账单，以作为日后决定随礼金额的依据。

葬礼

葬礼是个体生命周期完结时最后的仪式。虽然来参加葬礼的客人很多是死者生前相交的亲友，但是更多的是倚仗为死者举办葬礼的子女的人际关系而前来参加的。死者的许多远亲也会来参加葬礼，但这更意味着这些远亲与死者家庭的最后一次联系，因为当死者真正入土为安后，很多本来由死者联系的远亲就不会再与死者的后辈人来往走动了。经常出现的情况是，葬礼之后，这些远亲的关系更加疏远，逐渐变得陌生甚至素不相识。在葬礼上，客人不仅要随礼，还要赠送黄纸并在棺前焚烧以示吊唁，一边焚烧一边哭泣且口中轻声念叨一些祝福死者走好和顺利转世的话语，所焚烧的黄纸被视为死者在阴间可以使用的钱币。葬礼一般为期三天，在第三天的早晨出殡。在出殡当天，主人家会请求一些关系较近的小伙子随行，因为在去火葬场火化之后将骨灰埋入坟地之时，需要一些体力劳动，比如当地的坟地是在一个山顶上，这样就需要将挖坟坑的工具等预先扛到山上并挖出一个合适大小的坟坑，死者入土后，同样也需要人力完成埋葬的工作并送出一些新坟。当所有这些工作完成之后，主人家要为之前前来吊唁的客人和葬礼上服务的人提供饭食，但是这次饭食的提供通常只是那些在葬礼上提供服务的人参加，吊唁的客人通常是不会去的，因此规模很小，气氛也比较沉闷，纯粹只是吃饭而已。所有这些都结束之后，并不意味着葬礼程序就整个完成了。在死者离世后的第六天晚上，主人家还要举办一次迎接死者灵魂最后一次回家的活动，因为在当地人看来，过了这个日子死者就真的转世投胎离开现世了，在这一天，死者的灵魂会最后回到家中看看亲人，这一活动被称为"上旺"。因此，在这一天，与死者家庭关系特别亲密的亲友会提前在家中准备饺子，一般情况是，死者去世时的年龄是多少就要包比其年龄多一个的饺子，饺子包好之后，在"上旺"当天的晚上送到死者家中煮熟以供死者的灵魂享用。在村改居之后，"上旺"的仪式已经不再举行了。

在上面的各种仪式性庆典之中，可以看到，村改居之前很多烦琐的传统礼仪消失了，取而代之的是更加简单的仪式，正是这种简单的仪式使随礼行为变得更加赤裸裸地富有金钱和利益相关的属性，原来温情脉脉的邻里互助消失殆尽，原来更为开放地表现主人家所拥有的交往关系的各种仪式环节也不再出现，这使得凡村村民不再需要在日常生活中重视邻里交往以便于在举办这种庆典时有更多的帮手并使自己的家庭显得更加红火。现在，在不同的生命周期中所举办的各种仪式性庆典，如果没有在举办宴席的酒店门口所展示的牌子，大概没有任何实质礼仪上的区分，各种仪式性庆典直接演化为最核心的两个步骤，即上礼和坐席。现在的仪式性庆典以一种更加简单而又相对隐秘的、更富工具性意味的方式举行着。现在，各种可以收礼的庆典如此之多，令凡村人不胜其烦，有人讲，现在就差母猪下崽没有收礼了，简单明确地表达了对这种动辄举办庆典借机收礼的行为的厌恶。

图5-1展示了凡村村改居之后村中一个村民去世时，其家人为其办的葬礼。从图中可以看到，除了稀稀落落的几个直系亲属之外，没有多少村里人来参加。死者的家庭住在四楼，村里与其家庭有礼金往来的村民都是直接到四楼，送来礼金后就回家了。这与村改居之前葬礼上的喧嚣气氛反差极大。很多村民私下里议论说，某某（死者）去世的年龄还不到五十岁，他儿子还没有结婚，按照道理来说根本就不该大操大办，至近亲属通知到就行了。他家还这样办，大喇叭都装上了，还不就是为了告诉别人他家要办，要收礼。再说，现在都已经住在小区里了，不像原来那样住平房，鼓

乐班随便吹都没关系，现在这声音大的，多扰民啊。这要是有心脏病都能犯了。

图 5-1 凡村村改居后的一次葬礼

资料来源：作者拍摄。

阎云翔借用了贝夫关于表达性与工具性的二分法，认为表达性礼物馈赠以交换本身为目的并反映了馈赠者和收受者之间的长期关系，与此相对，工具性礼物仅是达到某种功利目的之手段并意味着短期的关系。不过，在实践中，没有纯粹的表达性和工具性礼物，表达性与工具性的因素在几乎所有的馈赠活动中都同时存在，只是比例不同而已。表达性礼物馈赠叫作"随礼"，工具性礼物馈赠叫作"送礼"。"送礼"指为了私人恩惠的直接的礼物馈赠，而"随礼"则常用以描述在仪式或习惯性情境下义务性的、表达性的礼物馈赠。

阎云翔认为，在行为层面上，送礼受礼的义务支配了个人的选择及其对礼物交换特定情境的态度。礼物交换构成了一个道义经济的体系，在那里，道德原则常常超过了经济考虑，习俗在渗入一个人的社会生活后，可能会向他施加其独立的影响力。在功能层面上，义务性的送礼受礼为村民提供了一种培养、维持和扩展其关系网的基本方式。乡村社会中私人网络的培养既是一种权力游戏，又是一种生活方式，关系不仅涉及工具性和理性计算，也涉及社会性、道德、意向和个人感情。私人网络具有经济功能、社会保障功能、社会支持功能、政治功能。在阎云翔看来，在中国人的社会交换体系中，"人情"是一个核心性的重要概念。在惯常用法中，人情包括四种不同但又相关的含义。第一，它意味着人的感情——个人在面对多种多样的日常生活情境时基本的情感反应。在这一含义中，人情是社会性的，要求一个人根据他自己的情感来理解他人的情感反应。第二，人情是指一套社会规范和道德义务，这些规范和义务要求一个人与关系网中的其他人保持联系，介入礼物、问候、访问和帮助的互换。第三，人情还可以被看作一种资源，比如一种恩惠或一个礼物，可被用作一种社会交换的媒介。第四，在特定的情境中，人情被用作关系的同义词。阎云翔将人情诠释为一种基于乡村社会中常识性知识的伦理体系，这种常识包括一套原则和价值。强调关注人情的道德和感情方面，在早期研究中，它们被忽略了。这种忽略的原因在于，以往的研究强调把人情看作一种可交换的资源或是理性计算的结果。

因循着阎云翔的理解和解释，我们可以看到，在凡村，虽然在村改居之前，村民之间在仪式性随礼中已经开始用现金代替实物礼物，但是正因为在仪式和日常生活中仍然保留着实物礼物的交换，才使礼物中包含着莫斯所谓的"整体人格"，也才使村民之间的礼物交换行为更加富有表达性的感情意味。

"能找平吗？"，这是在进行仪式性随礼行为之前凡村人经常要加以考虑的问题。在收到参加庆典的邀请之后，凡村人首先是计算送出邀请的某某家曾经举办的各种仪式性庆典中自己馈赠了多少礼金，在自己家曾经举办过的各种仪式性庆典之中某某家又馈赠了多少礼金，而在未来某某家和自己家又会有什么样的可以预想的庆典。在这种计算中想要达到的一种理想的结果就是"找平"。在村改居之后，这种要相互"找平"的仪式性礼物交换关系更是多了另一种考量，那就是，如果在这次由对方举办的仪式性庆典之中，自己馈赠了更多的礼金，即在原来已经"找平"的礼物交换中所付出的礼金更多，一旦对方不在了（这是极其可能的，因为在当前凡村的各种仪式性庆典中，参加随礼的人年龄大多在 50 岁以上，而年轻人更多地拥有自己的个体关系网络，很少参加村落人际关系网络之间的随礼活动），那对方的子女还会对这种礼金馈赠行为加以承认吗？换句话说，如果对方的子女不再承认父辈之间的村落交往关系和在这种关系之间的礼物交换行为，这种现时的礼金馈赠就不会再有得到回报的期望，成为一种无法再"找平"的礼物交换。当这种对未来的担忧成为实际礼物交换的考量因素之后，村民很可能会选择不再维系原来的与对方之间的礼物交换关系，当然，在还"欠"有对方礼金的情况下除外。

由于礼物交换呈现为一种"反交换的交换"，交换对象的价值、交换的时机和方式并不完全是预先明确规定的，而在很大程度上是由参与交换的主体根据互动情境相互决定的，这也给了个体自由以空间。在礼物交换的自由空间中，时间尤其是个体形成互动策略的关键。深受莫斯影响的布迪厄（2003）正是通过分析馈赠行为中行动者对时间的感受和主动采用，来批评人类学中的结构主义和客观主义观点的。布迪厄指出，礼物交换的实践是在时间中建构的，它在时间中获得作为顺序的形式，并在时间中使实践产生方向和意义。

布迪厄认为，与在重大节期必须完成的礼节性馈赠不同，那些日常生活中最普通的礼物交换缺乏明确的规则，通常是以"即兴""意外"的方式表达相互"关切"，维持惯常秩序的。这种礼物交换在时间流中以一种"持久的不确定性"为前提，而这种不确定性，恰恰维系着日常礼物交换的"魅力"和全部"社会功效"。在日常礼物交换中，人们所遵循的绝不是客观主义所理解的那种互惠循环的机械法则，而是既缺乏严密性又没有恒定性，但却风格一致、实实在在可体验到的"实践逻辑"。实践逻辑正是日常生活中的社会游戏能够持续进行的基础。换言之，如果社会纽带在集体仪式之后的日常生活中没有松懈下来，那么它所倚赖的可能就是这种缺乏规定性但却连续有效的给予和回报。这就是说，除了断裂式的集体行动之外，日常生活中的社会也不只是以语言、神圣事物等外在于个体的形式在场，而是可以通过持续的社会互动不断地再生产出来。

阎云翔（2000）也认为仪式化送礼是包含了庆典性的因而是制度化的送礼情境，非仪式化送礼则通常指称日常生活中所有的馈赠事件，并不涉及任何正式的典礼，但已经成为日常生活中常规的礼物交换活动。虽然无论在质量上还是在数量上，非仪式化的礼物都不及仪式化的礼物引人注目，但是它们在乡土社会中生活意义的创造和社会网络的强化方面都扮演着同等重要的角色。在大事场合中的仪式化送礼，以主人设宴、对精选的客人的正式邀请及礼账记录为特征，所有这些特征在非仪式化送礼当中都不存在。在村改居之前的凡村，非仪式性情境中的礼物交换包括日常生活中的礼物交换和生产劳动中的礼物交换两种主要类别。

日常生活中的礼物交换最多地表现在一年中的各种节日中，同时还有一些偶然的情况。

春节

对于中国人来说，春节无疑是最为重要的一个节日。在春节期间，亲友之间的礼物交换行为是最为繁复的。春节期间的礼物交换行为相对于其他节日或者日常生活中的礼物交换来说，更像一种规定好的程序，虽然在一些细节上不甚一致，但是基本的礼节则并无二致，在这期间，人们之间的礼物交换行为并不是一时兴起的，而是清楚地知道需要去和谁进行礼物往来以及在与特定的人进行礼物往来时送什么样的礼物最为合适。

在凡村村改居之前，人们之间的礼物交换行为是从春节之前就已经开始了的。由于居住在农村的独立式院落结构的住房内，饲养家畜、家禽是很常见的现象，尤其是家中有自己土地上产出的粮食，这就使对家畜和家禽的饲养更为方便。在凡村，除了那些为了赢利而进行的大规模家禽和家畜的养殖之外，几乎每个家庭中都会规模不一地饲养一些鸡、鸭、猪、羊等动物以备在春节期间宰杀来供自己家庭和来串门的亲友食用，这些饲养的家禽和家畜一般是"笨"养的，也就是在给家禽和家畜喂食时不添加任何精饲料，全部是靠自己家产出的粮食和平时在山上割的草料，用这样的"笨"养家禽和家畜作为礼物进行馈赠活动或者作为来客人时的招待食品会更为主人津津乐道。一般在农历十二月二十三，即凡村所说的小年之前，就开始了对家禽和家畜的宰杀活动，因为在凡村人看来，从小年开始一直到正月结束都是过年期间，在过年期间是不能再杀生的，所以，宰杀活动一定要在小年之前进行，也正是因为北方的冬天天气寒冷，所以可以长时间地将宰杀好的家禽和家畜埋在雪中，需要食用时将肉从雪中取出，味道与新鲜的肉相差无几。在所有的宰杀活动中，在凡村尤以杀猪最为隆重。在这一天，主人家会将附近的所有亲友都邀请到家中，其中，男人就负责赶猪、杀猪和给猪脱毛，女人则会准备米饭和各种菜品。男人将猪和因为杀猪而凌乱的院子拾掇好后，就会一边搓着要冻僵的手，一边盘腿上炕，那里已经为他们准备好了热腾腾的酒菜，而其中的最后一道菜，就是东北人最喜欢的"杀猪菜"。酒过三巡菜过五味之后，当亲友要返回家中时，主人会根据不同亲友的关系远近，分别送上刚刚宰杀的猪的不同部分，可能是猪肉，也可能是内脏等，都是用袋子装好分别送出的，亲友之间一般不会知道也不会去主动询问别的亲友所得到的礼物。除了杀猪以外，鸡、鸭等家禽也会被作为礼物来相互交换。真正的春节互访是在正月初一这一天。在正月初一的早上，几乎每个家庭的大人都会早早地催促家中的小孩子快些起床，因为稍稍延迟一些就会被拜年的亲友堵在被窝里面。当全家人都起床、吃早饭并收拾停当之后，就会全家一起去年长的亲友家里面拜年，而年长的亲友则会在家中等待。家中的小孩不仅要去亲友家，还要将邻居家——走遍去给长辈拜年。初一去亲友家里拜年的时候一般所送的礼物是实物而不是现金，主要包括白酒、香烟或者牛奶、糕点等。农历正月初二是拜访岳父岳母的日子，在这一天，已经成亲了的女儿就会和丈夫孩子一同回到娘家拜访父母，并赠送礼物，这时的礼物随意性很大，可根据自己家庭的经济状况和自己娘家的经济状况送出不同的礼物。

在村改居之后，很多礼物交换行为被简化或者干脆消失了。例如，由于搬入单元式楼房中居住，家中不再有条件饲养任何家禽和家畜，春节前的宰杀家禽和家畜的活动没有了，当然，与亲友一同在热乎乎的炕头上享用自己的劳动成果的酒宴也就不复存在。虽然在正月初一这一天的拜年活动还延续着，但是拜年关系网的范围则大大缩小了，一般只是到居住在附近的直系亲属家中拜访一下，邻居家则是万万不去的了。由于有了自己独立的卧室，小孩子也不必早早地被大人唤醒以免被堵在被窝里面，他们可以睡到随便什么时候再起床，大人也就不会勉强小孩子与他们一起去参加拜年活动。在最近两年里，甚至连初一拜年时的礼物馈赠活动也销声匿迹了，家中的大人也只是到直系亲属的长辈家中问好，随便聊一两个小时就会各自回到家中，春节的味道越来越淡漠。

与春节联系在一起的礼物交换行为还有"拜新年"和"挂线"。按照凡村的传统习俗，新婚夫妇在春节期间要去拜访女方和男方的所有直系亲属，这被称为"拜新年"。去拜新年的时候，新婚夫妇要带着烟酒等礼物，而被访者则会回赠现金。"挂线"是指在新婚夫妇有了孩子之后，在春节期间，新婚夫妇会带着孩子去亲属家拜年，被访者家中的女性则会取出一条预先准备的五色线挂在孩子的脖子上，同时还要给孩子一些礼金。除此之外，在春节期间，成了家的年轻人还要准备金钱以孝敬上了年纪的父母，而老人同样也会准备金钱给来拜年的晚辈孩子。虽然与"挂线"时给小孩子的钱一样，压岁钱也是直接交到小孩子的手上的，但是最后这些钱会被父母拿走，并记入家中的礼单上面，在日后的礼物交换中，这些钱财的往来同样会被作为确定随礼金额的依据。

其他节日

除了春节期间的礼物交换行为之外，在其他的中国传统节日中也会涉及一些交换行为。例如，在端午节的早上太阳还没有出来的时候，凡村的许多人家会去山上割艾草，割下来的艾草会拿回家中挂在大门上辟邪，在端午节的晚上还会用艾草煮出来的水洗脚，在凡村人看来，这可以避免得脚气病。有些人家没有时间在早晨去割艾草时，家里的亲戚就会多割一些送给他们。在端午节的这天，大人还会在小孩子的手腕和脚腕上系上五色线，据说可以起到辟邪的作用。经常是一群小孩子到同学或小朋友家中玩耍的时候，由这个同学或小朋友的妈妈来给大家系上五色线，每到这时候，被系五色线的小伙伴们就感觉大家永远会在一起。在村改居之后，由于居住地距离长艾草的山太远了，端午节割艾草的习俗竟然渐渐消失了，只是偶尔会在临近端午节时的集市上见到卖艾草的生意人，也会有零星的凡村人在集市上购买艾草，但是作为一种普遍的习俗已经不再存在，同样，现在的小孩子已经不知道在这一天还要在手腕和脚腕上系五色线这种传统。在村改居之前，在一些特定的节气里凡村人会食用特定的食物，例如，立春时要吃春饼，立夏时要吃萝卜，等等，因此特定的食物也在特定的节气里面被交换，家中院子里刚好有种植这些特定食材的人家会多收获一些以赠送给没有种植这些特定食材的亲友或邻居，因为大家是如此熟悉，谁家院子中种植了什么蔬菜等都是心知肚明不用再询问的事情，特定食材或者成品食物的赠予总是显得恰到好处。所有这些礼物交换行为在村改居之后因为不再有种植作物的空间而通通不再出现。

日常生活中的食品交换

除了上文中提到的在特定节日或特定节气中赠送的食品外，在村改居之前，凡村的女性在日常生活中也会交换各种食物。与在商店中用现金购买的食品不同，在日常生活中交换的食物礼物很难被估计出一个市场化的价格，相反，在这些食物礼物中包含了馈赠者的个人劳动和感情，这成为一种表达感情和维系人际交往关系的重要方式。当家中的女性做出一种她自己认为比较特别的食物时，就会和住在附近的亲友或者邻居共同分享，家里的小孩子经常会被派去传送食物。家中的女性还会与周围的亲友和邻居一同分享她在自己家院子中种植的食物。由于凡村人特别喜爱食用可以生吃的各种蔬菜蘸黄豆酱，因此，家中种植的各种各样可以生吃的蔬菜以及自己制作的黄豆酱经常是相互交换的重要食物。

村改居之后，无论在什么节日还是在什么节气，所做的特定食物所需的食材全部要在市场上购买，食品交换的现象不再出现，偶尔有以在商店中购买的食品进行馈赠的行为，也会让受礼者感觉不那么自在。如一个被访者提到，夏天时她的姨妈给她家送来一个在商店中买的西瓜，送来之后就走了，并没有与她家里人一同享用，这让她家里的每个人都觉得不舒服。因为这个所收受的食品的价格是确定的，并且是由赠送礼物的人用现金购买得到的，这就会使受礼者感觉欠了馈赠礼物的人的钱，而不是感情。

在凡村村改居之前，农业劳动是主要的生产劳动方式，农业收入也是家庭中的主要收入来源，围绕着农业劳动，在村民之间存在一系列的礼物交换行为，这种共同生产过程中形成的礼物交换对村民之间人际关系的创建、维系和巩固发挥着重要的联结作用。

春种：选择种子、化肥、农药

在每年春季的三月，凡村村民就开始筹备购买当年大地种植作物所需的各种种子、化肥和农药等农用品。对这些农用品的选择一般是以上一年的作物生长情况为标准，由于农田都是紧邻的，因此村民非常了解上一年谁家的作物生长情况较好，谁家种植的作物亩产较高，在春季准备作物种植的时候，就会到该农户的家中商讨当年选择种植的作物品种、所要施用的化肥和农药以及在何处选购等。商讨之后，参与商讨的人会选择一天一同去各个种子售卖地查看和品评种子的质量，经常的情况是，每个参与商讨的人从一处种子售卖地购买五斤到十斤不等的种子，然后各自拿回家中，随机选出一百颗种子进行育种，按照出芽种子的颗数来计算种子出芽率。一起参与购买种子的农户之间交换种子出芽率的信息，并最终确定当年应该在哪个种子售卖地购买所需的种子。按照家中所耕种土地的多少购买了相应数量的种子之后，在实际的种植过程中，由于所播种的种子厚薄和间距不同，购买的种子会出现缺少或者剩余的现象，这时，一起购买种子的农户之间就会进行种子的补偿，剩余的种子会被卖给或者直接赠送给缺少种子的农户。化肥和农药的选择也是需要商量的，这种商量是在田地相邻的农户之间进行的。因为施肥和喷洒农药的时间相近，不同的农药之间会有相互的抵触效应，并且如果某农户喷洒农药在前，不与周边农田的主人商议的话，可能导致虫子在周边农田中繁殖泛滥，因此，施肥和喷洒农药的时间也是需要加以商议的重要问题。当然，在化肥和农药的数量上也会像在种子上一样，相互购买、赊借或者赠予。

春种：水稻耕种过程中的互助

凡村虽然属于北方村落，旱田是在村落中占地面积最广的农田构成，但是凡村的农田构成中也包括不少的水田，水稻也是该村农民种植的重要农田作物。在凡村的旱田作物中，主要种植的是玉米，由于地处平原，因此玉米的种植基本实现了机械化，与玉米种植技术和种植过程不同的是，水田中水稻的种植则主要依赖于人力。每年的公历四月底，各农户就要在自己的家中进行水稻的育苗，由于北方寒冷的天气，育苗的过程相对烦琐，首先要将院子中历经一个冬天已经被压实的土地重新翻耕、晾晒，将翻耕出来的土块打匀成细小的颗粒，浇水再翻耕，接着要在已经经历再一次翻耕的土地上根据家中院落的大小平整出几块一般为长方形的地块，在地块的周围用土隆起作为边界。在平整好的地块内均匀地撒入肥料和水稻种子，然后用笤帚轻轻地将水稻种子拍入泥土中。再将油条（一种在凡村东面山上生长的植物，该植物的茎似筷子般粗细，长约三米，韧性好，易弯折而不断裂）在长方形地块的宽边两侧插入泥土中，形成拱状的支撑结构。用预先买好的厚塑料铺在拱状的油条上面，四周用泥土压实，做成一个小型的温室大棚的模样。这样，可以保持棚内温度的水稻育苗工序就完成了。面对这个复杂的工序，单凭一个农户家庭成员的力量是很难做到的。因此，更为经常的情况是，邻里之间相互协助完成。在这样一段进行水稻育苗的日子里，经常可以看到农户院落内相互指挥着做事并夹杂着欢声笑语的热闹的场面，而在完成水稻育苗的工序中，各类工具也是来帮忙的农户从自己家中带来的。这种情况不同于其他关于农村的研究中的换工现象，因为换工是明确的对象之间的劳动交换，而在凡村的水稻育苗中，来帮忙的人是随机和偶然的，用当地人的话说就是，遇见谁了谁就来帮帮忙，反正也累不到哪里去。

秋收：各种作物收获中的生产性交换

按照时间的顺序，在凡村的秋季最先收获的是玉米，接着是水稻，最后收获的是一种凡村特有的经济作物大葱。由于机械化的普及和平原的便利条件，玉米和水稻的收割一般是由机械工具来完成的，但是为收获的玉米和水稻脱粒则需要大量的人力。一般情况下，准备第二天为玉米或者水稻脱粒的农户会先到拥有脱粒机的人家中商量第二天的哪段时间可以过来为其玉米或者水稻脱粒，商量好之后，再去附近关系较好的村民家中请求其在第二天的某个特定时间前来帮忙。来帮忙为玉米或者水稻脱粒的人数按照任务的多少而确定，一般一个拥有十亩旱田或者五亩水田的人家需要求助十个人来帮助其完成脱粒的任务。除了雇用的脱粒机需要付费之外，其他的帮助都是免费的。在脱粒过程中，不仅需要脱粒机，还需要其他的工具，比如木锨、簸箕、笤帚、麻袋等，这些工具都需要提供帮助的人从自己的家中带来。在脱粒过程中，有人负责运送、有人负责清理、有人负责装袋、有人负责计数，是一个略显凌乱但又井然有序的生产线。全部玉米或者水稻完成脱粒之后，还要将院落中遗落的粮食加以捡拾和清理。这时该农户家中的孩子会端出清水供帮忙的人清洗，而家中的女人则会准备好饭菜供帮忙的人享用。

如果说玉米和水稻的脱粒任务是主人在预先准备好的情况下求得邻里的帮助来完成的，那么，大葱的收获和贩卖过程则显得更加急促和更需要邻里主动热心的帮助。不似其他的作物可以收获以后囤积在家中，大葱只能生长在土地里面，如果过早地将其收获回家则极其容易腐烂。因此，到了贩卖大葱的季节，栽种大葱的农户会先从土地中收获几十斤到上百斤不等，将其捆扎好后放在路边，等待前来批发购买大葱的生意人选购。农户事先并不知晓自己的大葱会在哪天被卖掉，因此根本不可能预先准备可以在收获当天提供帮助的人选。通常的情况是，有生意人选中了哪户人家的大葱，该农户就要临时向邻里求助，并在当天就完成收获和贩卖的任务。这种临时的急切的任务往往考验了该农户的日常人际交往关系。与玉米和水稻脱粒不同，大葱的收获时间一般是在十月底和十一月初，这时北方天气已经比较寒冷，如果正巧赶上下雨夹雪，那么种植大葱的土地中的泥泞和寒冷是可想而知的。因此，如果帮助邻里做其他的事还是小菜一碟的话，去帮助收获大葱则更需要提供帮助的人的主动和热心。由于很多收购大葱的生意人是从路途较远的地方赶来的，因此经常会要求尽快地完成大葱的收获和过秤的任务。这时，主人就要尽量多地求助到周围邻里。种植四亩地左右的大葱，通常需要十几个人来在一个下午的时间内完成收获和装车的任务。如果贩卖大葱的农户平时的人际关系不错，那么，求得十几个人的帮助并不是一件十分困难的事情，所求得的这十几个人就会在收获和捆扎大葱时尽量让大葱从土地中拔出来的时候带有更多的泥土，以使大葱在过秤时有更大的重量，使主人获得更多的收入，这种"帮助"在主人和帮忙的人之间是心照不宣的。在大葱过秤和装车过程中，提供帮助的人同样会主动热心地帮助主人计算称重的数量和应得的价钱，避免其在具体贩卖过程中上当受骗。与玉米和水稻脱粒相同的是，在完成大葱的收获和贩卖任务之后，所有提供帮助的人都会被主人邀请到家中，主人家会提供相较以往更为丰盛的酒菜来款待这些提供热心帮助的邻里。这时的酒席上，更多洋溢着的是满足和欢乐。在收获时拔出的大葱上面带有多少泥土经常是参加酒席的人津津乐道的话题，这时主人也会对前来帮忙的人表示感激。主人和前来提供帮助的人不仅共同体会着一种收获的喜悦，同时也共同体会着他们刚刚一起创造了一个不能为外人所知的欢乐的秘密。酒席过后，当前来提供帮助的邻里都各自返回家中的时候，主人的家庭成员会谈论这一天劳动的所有细节，并品评前来帮忙的人各自在劳动中的表现，在劳动中更为踏实肯干和竭尽全力提供帮助为主人着想的人会更加得到主人的认可，这种认可使得在日后该人需要帮助时，这个农户家庭中的成员也会不遗余力地为其提供帮助。

农户间的合作行为表现在，农民是生产农产品的经济集团，在传统社会中，他们依社区组成分散的小集团，长期稳定的社区聚居环境使他们的行动构成一个无限期的重复博弈集合，天然有着合作的可能性；农业生产在某些时间上的集中性与生产要素的分散占有之间的矛盾，使他们天然具有合作的必然性（蔡立雄，2009）。合作中的行动在很大程度上是以利己为目的的，但经常表现为利他行动，人们之所以利他，有三种原因（蔡立雄，2009）。一是道德动机。二是防范个人力量无法对抗的各种风险。农业生产面临各种风险，其中的自然风险、市场风险、政策（制度）风险、技术风险往往是个人力量难以抵御的，人们通过利他换取他人在自己面临风险时的帮助。三是理性动机。人们的目的虽然是自利的，但这种自利可能损害他人利益而招致他人的报复，基于理性的计算，人们采取利他的合作行为。青木昌彦曾经以朝鲜李朝时期农户在灌溉中合作的例子说明，农户在灌溉中不合作，可能导致社区居民对该农户参与其他社区活动的驱逐（青木昌彦，2001）。合作不仅产生于对各种风险、威胁和他人以牙还牙的报复的回避效应，还在于合作行动会产生孤立行动所不能获取的利益。利益表现在五个方面。一是合作产生了团队生产，扩大了生产规模，既节约了交易成本又产生了规模经济效率。二是合作产生了合作剩余和集体生产力。三是合作产生了社会资本。长期的互利合作使人们产生对他人行动的稳定预期，有利于形成共享的信息和共同知识，增强人们的参与意识，从而有利于集体行动的达成、降低交易成本和经营风险、提高收入。法肯姆普斯和明腾以马达加斯加农业贸易商之间的合作为例，说明在一个不完善的市场中，合作产生信任——认知型社会资本，这类社会资本使农业贸易商能够用更可信的方式进行交易，从而降低获取贷款和提供贷款的成本，降低搜寻有关可信的价格信息的调查成本，有良好人际关系的贸易商的生意更好，利润更高，不对社会资本进行投资的贸易商无法扩大生意（格鲁特尔特、贝斯特纳尔，2004）。四是长期合作形成的社会规范是解决公共品供应中搭便车问题的有效机制。丹尼尔·克莱因以 18 世纪美国农场主和工商业认购股票支付修路费用为例说明，人们之所以不采取搭便车行动，是出于一种社会责任感，这种责任感来自负筛选激励，这在一个封闭和均一的社会集团中尤其有效（青木昌彦，2001）。艾沙姆和卡科内以印度尼西亚中爪哇省社区供水服务为例，说明村民越是习惯于一起工作，参与工程设计的积极性就越高，因为社会关系解决了搭便车问题（格鲁特尔特、贝斯特纳尔，2004）。五是合作产生的社会规范有利于促进"前市场乡村经济向市场经济过渡"（青木昌彦，2001），原因在于利用原有的社会合作规范产生的信任格局在对组织相对同质化的乡村产品和要素的市场化方面，能有效降低交易成本，这一点在中国由计划经济向市场经济转型过程中表现得尤为典型。

合作化的利益不仅表现在经济方面，还表现在非经济方面。首先，长期合作使人产生归属感和安全感，如农村妇女在出嫁到其他村庄后放弃土地承包权，那么她在夫家遇到困难时将更容易获得来自她的娘家所在村庄村民的帮助；其次，合作是人们实现自我价值的一种渠道，合作能获得他人正面的评价，从而使个人获得满足感。

除了上面所描述的各种围绕农业生产所产生的礼物交换行为之外，还有一种就是院落式居住模式的生活中必不可少的日常互助式交换，如房屋修葺、建造猪舍、协助家畜的生产与围墙管理等。例如，在关于这些内容的访谈过程中，一位被访者就曾经提到，在村改居之前，他家曾经饲养过母猪。有一天家里的人都有事外出了，而家中的母猪正好在这一天生猪崽，是当时的邻居在路过的时候看到了并帮助他家顺利地完成接生小猪的任务。再如，在原来的院落式居住模式中，衣服晾在外面晾衣架上，酱缸、供烧火的燃材都放在院子中，人们在出门前一般都会将家中的钥匙放在邻居那里，这样一旦下雨，邻居就会将这些东西帮忙收拾到屋中，以免外出的人来不及回家造成损失。这些邻里之间的互助在村改居之前的凡村是屡见不鲜的。

在凡村村改居之后，原来围绕着农业生产和家禽家畜饲养等工作所产生的各种互助式礼物交换行为消失了。现在家庭房屋中出现的各种设施故障也有物业公司来解决。心照不宣的互惠是传统社会中一个稳定的、持续的惯例：只要小农依靠其亲属或其他人，而不是依靠其自己的资源，他就给予了对方一项对其劳动和资源的互惠索取权，帮助其摆脱困境的亲戚或朋友，在他们自己有困难并且他有能力提供帮助之时，也会预期得到同样的帮助。人们可能会说，事实上，他们之所以帮助他，是因为存在一个默认的有关互惠的共识。在凡村村改居之后，正是在这一过程中劳动方式和居住模式的改变，使凡村村民之间不再相互依赖。

地方世界中道德和感情的方面不容忽视。正如克莱曼（2008）所说，"它们（地方世界）应被理解为道德世界，因为在经验的人际流动中，先于、构成、表达我们的行动并为我们的行动所塑造的是一些特定的地方模式；这些模式不断再创造着那些对我们来说最至关重要的、最恐惧的、最渴望的、最受其威胁的、最想超越它抵达安全的事物以及我们将其奉为目的或生死的终极意义的事物"。中国的地方道德世界的特征，反映在人情伦理之中。人情伦理应该被理解为指导和规范人的行为的最初和最重要的道德原则。从它意味着一个人要将他人的情感反应纳入自己的考虑这个意义上而言，人情也是社会接受的情感反应模式。进一步说，人情充当着一种村民们借以判断一个人为人处事是否得体的标准。换言之，人情赋予村民之间日常的接触、互动和交往以意义。

在搬迁之前，日常生活中经常出现的是不随时间的确定性安排发生的互助与交换，而在这种日常生活中的互助与交换中更多地体现一种自愿性。但是在村改居之后，礼物的交换几乎全部是在仪式性场合中以现金随礼的方式完成的，既可以完全清楚地计算收受的金额，又更多地表现出一种义务性而不是自愿性，这种单单的仪式性场合中的礼物交换更像是有来有往的商品传递，虽然还包含有少量的感情存在，但那也无非是对未来不确定性出现的一种本体性安全的心理保障。最近几年，在凡村村民之间流行一种带利息的借贷方式，虽然不似影视剧中表现的高利贷那样夸张，但是高额的利息还是令人咂舌。一位被访者在 2022 年购买了一辆翻斗车，从村里的其他人手中借款十万元，尽管这十万元的本金不必在一年内偿还，但是每年一万八千元的利息是必须在年底付清的。不仅如此，当那个提供贷款的人家中老人在初六那天过六十六岁大寿的时候，借款人虽然之前与其没有任何随礼上的往来，包括这次的借贷行为也是通过中间担保人来实现的，但是借款人还是主动去参加了祝寿的仪式性典礼，并随了三百元的礼金。就是在这样一个充满计算性的关系之中，还是要在仪式性典礼发生时多"花钱"，以报答人情。用凡村人的话来说，这就是一种"感情投资"。"感情投资"不仅要在邻里之间进行，还要在亲友之间，甚至在家庭成员之间进行。"现在的世界，没有钱是玩不转的。"有被访者举例说："如果你现在去亲戚家串门，腰包里面揣得鼓鼓的，到了谁家见到小孩子就发钱，不用多，三头二百的就足够了，保管你所到之处每个亲戚都是高高兴兴的。反过来，如果你到谁家去都不带礼物不带钱，见了小孩也是两手空空，虽然亲戚明面上不说，但背地里总是要议论你的。说白了，在亲属之间，这也就是一种感情投资。你投资了，才能有感情；你没投资，哪来的感情？"

第三节　从家庭内资源到家庭外资源：
个体独立关系网建立

代际关系

在中国的传统文化中，家族和家庭是首要存在的特殊群体，中国人没有与西方市民社会类似的集体观念，这是很多学者的研究共识。费孝通曾经将中国家庭与西方家庭加以比较（费孝通，2007），他指出，在西方家庭中，"夫妻成为主轴，两性之间的感情是凝合的力量。两性感情的发展，使他们的家庭成了获取生活上安慰的中心"。而在中国，家是个绵续性的事业社群，"它的主轴在父子之间，在婆媳之间，是纵向的，不是横向的。夫妻成了配轴"。大多数研究中国家庭的学者同意费孝通的说法，亦即父母与儿子的关系在家庭中压倒了其他关系（Baker，1979；Cohen，1993；Freedman and Bordia，2001；Yang，1989）。这种不同于国外的纵向的家庭关系说明不能简单地将家庭等同于一个类似于俱乐部那样的相对松散且强调平等与自由的集体，而更应该看作一个以父亲权力或者长者权力为核心的群体构成。在中国的纵向关系为主轴的家庭关系中，尤其在中国传统的联合家庭中，家庭权威的存在是将整个联合家庭维系在一起的主要甚至是唯一力量，一旦权威消失，家庭集体会很快解散，这有很多事例可以佐证。

卡尔·曼海姆曾经提出任何一个社会都有这样五个特征：文化过程的新参与者的出现；与此同时，此过程中原有的参与者消失；任何一代的成员只能参与有限的历史过程；因此，就有必要将积累的文化遗产传递下去；代际更替是一个连续的过程（Mannheim，1952；周晓虹，2008）。

但是，凡村村民土地被征用之后家庭中的父辈不仅丧失了原来的家庭土地控制权，而且原来在生活中最为重要的农耕经验对于子女来说也变得一文不值，因为这对于他们的生活来说已经完全失去了意义。不仅如此，在年青一代寻求新的谋生手段时，他们更加有兴趣和活力去接触地方有限世界以外的信息，他们了解了许多并不为父辈所知或者并不为父辈所熟识的生活和世界，这就使父辈再将自身的要求加诸年青一代时更少有自信，也使年青一代增强了自身挑战父辈权威的自信和能力。在访谈中，年长的被访者经常会表达他们现在不愿意对年轻人的生活方式多加干预，因为即便干预也不会发生什么改变，而年轻人也不愿意与父母谈论自己的生活，因为他们认为即便告诉父母，父母也不会理解，并且不能提供所需的帮助。在访谈中，一位年轻的被访者指出，在自己遇到困难的时候一般不会去找家里人，因为家里人的人际关系是稳固不变的，并且基本上是处于同一社会群体内部的，对于解决自己遇到的问题没有任何帮助，相反，因为自己在上学期间和工作以后结识的同学和朋友各自在不同的位置上结识了不同的人际关系，所以对于自己困难的解决相比家里人提供了更大的可能性。

一些学者用交换理论来解释家庭代际关系。陈杰明（2010）指出，从家庭成员联系的角度分析，一个已婚子女至少认同三个家庭，分别是自己的家庭，其父母和配偶父母的家庭。因此，无论已婚子女是否与父母或是岳父母同住，我们可以假定这个成年子女不会完全放弃父母家庭成员的身份。父代与子代的相互依赖在两代人之间塑造出对彼此的期望，在期望的满足中形塑出家庭延续的动力（黄佳琦，2021）。美国社会学家海式特认为，一个人自愿参加社会群体的目的是获得或共享此群体共同产出的产品。一个人参与的第一个群体是父母家庭，这个行为显然不能用自愿来形容。但是，成年子女继续保持其父母家庭成员的身份，是自己的选择。保持这一身份的好处在于，可以获得父母的关爱并对父母表达感激，同时，感情的维系并非唯一好处，成年子女也会获得实际的好处，健康的父母仍然可以为子女提供各种形式的帮助，与父母家庭的联系也会扩大成年子女的社会网络。退出父母家庭的代价主要是在父母家庭中所获取的具有不可替代性的好处，包括愧疚心理和社会压力（陈杰明，2010）。

阎云翔对黑龙江省农村的私人生活进行研究时指出，对子代来说，代与代之间的相互报答与其他形式的报答一样，必须不断地有来往才能维持。如果父母对儿女不好，或者如果父母没有尽责，儿女也就有理由减少对父母的相应的义务（阎云翔，2006）。王跃生（2008）也认为，亲子之间存在交换关系，这种关系并非以抚养为前提。仅仅将子女养大，没有在此基础上发展具有互助、互惠性质的交换关系，代际关系将会减弱（王跃生，2008；章洵，2014）。这种观点也被许多学者关于养老模式的研究所证实，家庭中老人与子女之间关系越疏远，行为人越倾向于认同社会养老，代际交换中老人的"付出"越少，行为人越倾向于社会养老（杨帆、杨成钢，2016）。

中国传统的代际关系曾被概括为"反馈模式"，一些学者还用"互惠原则"和"代际交换"来进一步说明这种"双向反馈"的代际关系（唐灿等，2009）。许多研究指出，代际的互惠关系主要来源于儒家文化中"报"的原则，即儿女对父母的赡养是对其养育之恩的报答。赡养义务的明确往往与分家析产活动同时进行，这其实是个相互约定、计算和直接交换的过程。在赛尔登看来，家庭契约的核心是老年父母由男性后代照顾和最终的土地转移之间的交易（王跃生，2006）。因此，传统家族正式赡养关系的几个主要特点为：一是赡养关系是以男性血统为中心的家族等级制度的产物，女儿是被排除在正式的赡养关系之外的；二是赡养义务同时意味着一种资格、一种身份，对应的是家族等级制度中的地位、名分和权利，包括财产权利，而不是单纯和自然的生身及抚育之惠；三是赡养关系因其身份化和功利化而具有很强的实用理性和交换色彩，无论抚育还是赡养活动都主要出于一种把外延放大到"家"的范围的利己主义，而不是利他主义。这里，情感交换或者亲情互惠不是家族正式赡养关系的主要逻辑。

由于亲子关系的长期性，父母年老时与子女关系的密切程度往往取决于早期父母扮演抚育者时的投入程度。作为一种感情性社会关系，父母一方面因为"养儿防老"希望强化与子女的关系，另一方面又要淡化关系中的利益因素以保持长久性。任何一种亲密关系的维持都需要一定程度的感性因素，长期亲子关系的维持则需要巨大的感情投入，这就要求父母淡化亲子关系中的工具性（陈杰明，2010）。

凡村村改居前后从农业劳动的生活方式转变为工资性收入的生活方式，改变了代际的交换关系。在农业劳动的生活方式中，代际的交换关系是多重而隐秘的。农业生产以家庭为生产单位，而主干家庭是主要的家庭农业生产单位，在农业劳动中，家庭之间的分工互助与合作是经常性的，不仅包括具体农田劳作，也包括家庭中的家务劳动、幼儿抚养的劳动分配。而在工资性收入的生活方式中，代际的交换关系更少也更加明显。在访谈中被访者也认为原来代际的经济关系是不能计算的，因为生活上的交换往来是多重的、隐秘的、琐碎的，但是在劳动方式改变之后，代际的经济互助则完全"有账可循"。

在访谈中，被访者 WG 的媳妇曾经提及，"我前两年生我们家二女儿的时候，我婆婆一点都不愿意伺候我，人家儿媳妇生孩子坐月子，没满月都不能碰凉水，谁家不是婆婆给做饭洗尿布，一直到出月子。可是我那婆婆勉强坚持到二十九天，就头也不回地出去打工了。她那个活也不是什么特要紧的活，就是给工地上干活的人做饭，早一天去晚一天去都没什么的，她就差一天没说什么就走了。我一天既要带孩子，又要做家务，还要伺候WG，忙得要死。这个不说，就说我们那时住东西屋的时候，共用一个厨房，每次她做完饭就只把她自己那半面给收拾了，我这面怎么脏也不用笤帚扫一下。搬家的时候，我们就是自己的东西归自己，我们这屋原来有一张双人床，搬家过去后婆婆搬过去了，她给了我一千块钱。我本来不想要的，可是一想到她做的那些事，就收下了"。

被访者 YP 的父亲也说起，"我媳妇前段时间生病，病得有些严重，我要每天出去打工挣钱，她自己在家不能做饭，有一段时间都不能自己走到卫生间，只能在床上躺着或坐着。我孙子还小，儿媳妇在家带孩子，没出去工作。我就商量着把媳妇放到儿子家里，平时她就在床上，上厕所时让儿媳妇扶一把，吃饭时也让儿媳妇给多带一口。我媳妇在儿子那里待了差不多半年才好得差不多了。这样我就一直觉得欠了儿媳妇的情。前段时间儿子的摩托车丢了，我给拿了八千块钱买了一辆摩托车，我才觉得还了这个人情。我这个儿媳妇已经不错了，我愿意给他们小两口花钱，别家的儿媳妇未必能做到这个地步。现在的年轻人不从老的那里刮钱就不错了，还照顾你，想都别想"。

在代际关系中还需要加以关注的一点是已出嫁女儿与娘家父母之间的关系。女性在家庭扮演的五个角色（女儿、妻子、母亲、婆婆、祖母）当中，"女儿大概是最不受社会科学研究者注意的一个"（陈中民，1991），"对中国农村家庭的研究，长期以来都忽视了外嫁女儿与娘家的密切关系"（阎云翔，2006）。女儿不被研究者重视的原因大概有两个：一是女儿身份和归属的模糊性和不确定性；二是女儿对于娘家缺乏工具性意义。随着当前中国农村社会的结构性变动，女儿对于父亲家庭不断提升的工具性意义开始被研究者发现和关注。作为父亲家庭的非正式成员，同时亦没有承担家计责任和义务的女儿，如今越来越多地在娘家的经济、资源和家庭福利等方面扮演重要角色（唐灿等，2009）。

已有的涉及女儿的研究，大多散见于各种有关亲属制度的论述中，只有少数学者除外。贾德专门研究了女儿与其娘家的联系，及这种联系与正式制度之间的关系，其中特别关注了女儿本人的能动作用。她认为以女性为中心的亲属关系与父系制度原则有所不同，如在"娘家"关系中，情感因素比成员资格和财产更为重要，而后者往往是父系亲属制度最重要的内容。贾德指出，一个已婚妇女虽然属于她的婆家，但她依然可以让娘家继续成为她亲属世界的一部分（Judd，1989）。马春华（2020）专门关注了妇女流动对农村父权制传统的影响，她的考察证明，妇女外出打工对家庭领域中的父权制文化有削弱作用，但是一些重要的制度规则，如父系继嗣和财产继承制度并没有因此而消失。胡幼慧（1992）对儿子与女儿奉养父母的动力进行了区分，她认为儿子的动力来自责任，女儿的动力来自情感。在村落赡养行为上的性别差异（唐灿等，2009），一是儿子的行为目标一般是提供父母基本温饱，并以此合理化，女儿的赡养活动则多是提供温饱之上的其他物质和精神内容；二是儿子的赡养行为多半具有较强的交换色彩，女儿的赡养行为一般是没有回报的；三是儿子的赡养行为被称为"养"，女儿的赡养行为被称为"孝"；四是儿子的赡养行为是规定的、正式的，女儿的赡养行为被认为是自愿的、非正式的。

之所以会出现这种赡养行为上的性别差异，是因为支撑代际赡养的至少应该有两套系统，一套是以规范，即责任、身份等为基础的系统，另一套是以情感，包括亲情、情分、恩情等为基础的系统。珍妮特·芬奇在对亲属关系及其义务的分析中使用了这样两个概念，即协商性责任（negotiated commitments）和累积性责任（cumulative commitments）。协商性责任是指亲属关系中通过协商和互惠而建立的信任和责任关系。这种关系的特点为：一是有明确的边界，它是在亲属关系框架内的责任和义务关系，特殊主义的亲属关系是人们决定自己责任，定义哪些是"当做之事"或者"分内之事"的主要前提；二是协商和互惠，亲属间的相互支持并不是基于需求和能力的简单交互，而是建立在一系列关于互惠的承诺基础之上的、由社会定义的、有关家庭责任和义务方面的道德伦理以及特定的亲属关系文化，将会对最后的协商结果产生影响。累积性责任是指在共同生活中建立起来的、非功利性的责任关系。累积性责任也是亲属关系框架内的责任关系，但是这种责任的确立不是以互惠为目的，也不是以协商为前提，而是随着时间的流逝，对亲属的支持和照顾等行为逐渐成为一种惯习，变成行动者显而易见的责任和义务，关系双方的情感因素对于责任的累积和建立是不可忽视的条件（唐灿等，2009）。在中国传统村落父系家庭的代际关系中，构建儿子与父亲代际的伦理似乎更多的是协商性责任，而女儿的赡养行为则更多的是累积性责任。芬奇分析了累积性责任从最初的自发行为到最终被模式化的责任形成机制。累积性责任往往源于某种偶然事件或源于行动者的自愿自发行为，具有关键意义的一是时间，二是有内在一致性的行为的连续性，这两大要素的不断累积，使行为最终成为一种模式、一种规范，即这样做是应当的，不这样做是不应当的。行动者显而易见的责任由此确立，他们的身份、声誉也被投入这种行为当中（Finch，1989）。

在凡村，儿媳不如女儿已经是个不需要言说的事实，"再厚厚不过女儿，再薄薄不过儿媳"就是说的女儿与儿媳之间的区别。被访者 LDY 就这样说道："我儿子结婚后，我给他们在市里买了一套楼房，给儿子买了一辆客车，让他拉活。前年这边新建成的超市里搞档口承包招标，我又出了六万块钱给儿媳妇买了一个商铺，让她做生意，孙子出生我一下子就给了小两口一万块钱，平时孙子我从来不亏，吃的是吃的，穿的是穿的，就没有我没买到的东西。按理来说，我这对她已经够好的了。可是再好也不如人家娘家。我那小孙子还没出生呢，儿媳妇就把我媳妇给叫过去了，忙前忙后地伺候，一直伺候到出月子，后来也是隔三岔五地叫过去给帮忙。这我也不说啥，谁让那是我们孙子呢。可是她娘家妈就在家闲着呢，她也不让她娘家妈过来照顾一天，怕累着。过年过节，回娘家从来不空手，啥好东西都往娘家买，可是回我这里来就带着张嘴吃。"

被访者 LDQ 的母亲提及，"我和老伴儿年龄都大了，我们没有自己生活的能力了。我们有三个儿子、两个女儿，前段时间，他们兄弟们在商量我们老两口归谁养。他们都想养活我们，因为我们说了，谁养活我们，等我们死了楼房就归谁，地钱就也归谁。在没决定由谁家养活我们的时候，都是我小女儿照顾我。那段时间我病得很严重，再加上年龄也大了，都觉得不太好了，可愣是让我那小女儿给伺候好了。虽然后来他们弟兄几个给我小女儿每个月 1500 块钱的照顾费，但是我心里知道，无论是哪个儿媳伺候我，哪怕是给更多的钱，也不会像我的小女儿这样尽心尽力"。

计划生育政策的实施，使现在凡村 30 岁以下的年轻人多为独生子女。年轻人不再遵循儿子赡养父母的责任，而是无论是儿子还是女儿都要承担赡养父母的责任。因此，从夫居已经不是被严格遵守的文化传统。更为普遍的情况是，每个新结婚的小两口都会拥有属于自己的独立的房子和家庭，尤其是村改居之后，结婚需要在新区的商品楼区购买新房已经成为一个新的似乎约定俗成的行为规范，每个为儿子准备婚礼的父母首要的是预备一套独立的新房，而不是让新人与自己生活在一起。一方面是因为如果没有新房，儿媳的娘家人就不会轻易地答应婚事；另一方面是因为他们也不希望子女婚后与自己生活在一起。因为不同年龄的人有不同的价值观和行为方式，住在一起在日常生活中就难免有一些生活细节互相看不惯，容易引发矛盾。不仅如此，父母也觉得如果住在一起，干扰各自的生活不说，自己还要付出更多的劳动，因为他们觉得现在的年轻人懒，不爱做家务，如果住在一起就必然要自己做家务。父母觉得自己也有自己的生活，不和子女住在一起最好，眼不见为净，等以后老得不能自己住了再说。独生子女都要承担赡养父母的责任，同样，他们也都有继承父母财产的权利。因此，协商性责任和累积性责任在这里已经没有再区分的必要。

在凡村，劳动方式改变以后，还有一点值得注意的就是女性工作形式的改变。原来家庭中的女性可以在农业耕作、家务劳动的同时照顾小孩，但是在脱离了农业劳动之后，为了增加家庭的经济收入，女性也需要外出工作。与此相对应，在新居住地周围成立了许多幼儿代养的服务机构，这些服务机构收留那些没有达到可以进入幼儿园年龄的孩子，在女性白天工作的时间里对这些年幼的孩子加以关照。这就使得孩子更早地与父母相脱离，与父母共同生活时间缩短。不仅是这些幼儿，在村改居之后，新区附近建了新的中学，新区内所有小学毕业生升初中时就到新的中学中学习，中学实行的是寄宿制，那些刚刚十二三岁的孩子就需要脱离父母的保护和管制，独立照顾自己的生活起居。一些学者研究了女性工作与家庭角色的分离对年轻人生活的影响，认为年轻人与父母共同生活时间缩短，相应地，与外界媒介的关联增加，外界媒介会促发一些新的思维方式，并且日益强调竞争性的社会也更要求年轻人具有独立自主能力，这进一步减少了他们对父母的依附和服从（Thornton and Fricke，1987；Arnett，1995），同样减弱了他们与父母的沟通和相互理解。当父母再用自身的价值观和行为方式来要求子女时，就会带来家庭代际关系的紧张。

阎云翔（2006）指出，中国人的礼物交换是嵌入一个人类学家称之为"人格之文化建构"的过程当中的：个人要通过礼物交换实践学会如何去和不同类型的人打交道。礼物交换不仅明确了社会所认可的人的界限，而且有助于创造那种地方道德世界中社会来往的主体际媒介的个体经验。社区的团结和家庭内部的合作是通过亲属关系和非亲属关系来共同维持的。社区关系与亲属关系都有被纳入私人网络之中的趋势，从而变成布迪厄所谓的"实践的亲属关系"。根据布迪厄对正式亲属关系和实践亲属关系的区分，纯粹基于宗谱关系的亲属关系只是在正式情境中使用，执行使社会秩序化的功能。

在村改居之前的凡村，村落中的家族关系也仅仅体现在春节期间的祖先供奉和祭拜上面，日常互助和礼物交换更多的是在村落中的邻里之间进行。村落邻里之间表现为一种类亲属化的关系，即布迪厄所说的"实践的亲属关系"，通过对村落内邻里之间的称呼依照亲属关系的远近加以类比得出，如果一个刚刚走进凡村村落生活的人听到了邻里之间的相互称呼，也许会得出整个村落的村民之间都有正式亲属关系的结论。这样一种相互之间称呼的固定化同时加强了家庭内部代际关系的明确性，给人一种长幼有序的明晰的辈分区别，有了明晰的辈分，就有了指挥和服从。在村改居之后，以家庭为主要生产单位，并伴随着邻里之间不断互助和交换以完成生产任务的农业劳动模式转变为以个体为主要生产单位的工资性劳动模式。个体抛弃了传统以家庭为中心的主要来源于承继的村落邻里关系网络，或者说，这种关系网络在个体的生活中不再似原来那样重要，个体开始基于学缘和业缘关系创建以个体为中心的关系网络，虽然在访谈中，被访者经常将自己与朋友之间的关系形容为兄弟般的或者是姐妹般的类亲属化的称呼，但是这种称呼就像我们在面对陌生人时所称呼的叔叔、阿姨那样，已经不再具有具体的意涵，在这种关系中，是表现得更为平等、轻松和自由的个人之间的交往关系，而不再具有明晰的辈分以及由明晰的辈分带来的代际的控制和束缚。

从上面描述的凡村村改居前后家庭代际关系的各种变化中可以看到，原来在家庭日常生活中发挥重要代际关系联结作用的生产性礼物交换和互惠性礼物交换消失，在现在的家庭代际关系之间，所有的往来更似一种感情与责任的协商性交换。在访谈中，被访者 WH 就曾谈到，"我开了一家托儿所，中午要给孩子做饭吃，我看我妈在家待着没事做，就想让她每天中午来给我做饭，做饭又不麻烦，焖个米饭，再做两个菜就行了，小孩子又吃不了多少。我也不是让我妈白干，每个月给她六百块钱。就这，我平时还经常往家里买油啊面啊啥的。可是我妈就不愿意给我干，她宁可去麻将馆打麻将"。WH 的哥哥则这样说，"她（指 WH）在这边开托儿所，我妈一年到头没少给她干活，她有啥事，托儿所就甩给我妈了，这要是雇别人能这样干吗。就这样给她干，她还不满意。我自己两个小孩子，我妈都没给我带过几天，她的孩子一年到头总在我妈家待着"。WH 的妈妈则提到这样一件事，"前段时间，WH 和她的同事出去旅游（WH 开托儿所的同时还在一家化妆品公司做推销员），都没给我说一声就走了，那她那托儿所谁给管啊，把我气坏了。我直接就给她打电话说，我可告诉你，你可别想把托儿所交给我，我可不给你管。她给我说，不用你管。从那以后我就再也没给她那托儿所帮过忙了。我都这么大岁数了，一点也不想让我歇着"。

在访谈中，一些被访者提到在现在的凡村中流行的老人赡养模式，老人一般不与子女共同居住，多数选择独居的方式，由于在村改居之后，老人分到了自己的房子，并且每年可以得到一定的土地征用金，所以子女不需要提供过多的金钱来承担赡养责任。更为经常的情况也是为人们普遍接受的情况是，每逢过年、过节或者是老人的生日，所有子女每人拿出二百元的赡养费给老人，作为一种更为形式化的尽孝方式。当老人生病或者是不再具有自理能力的时候，哪个子女承担照顾和赡养的责任，那么，老人过世之后，房屋和存款就归该子女继承，别的子女无权过问，而在这期间，别的子女也无须承担原本就不太多的形式化的二百元的赡养费。可以看到，与原来家庭代际多重、隐秘且琐碎的生产性和互惠性礼物交换关系不同，现在代际的交换是越来越清晰的协商式的"有账可循"。

夫妻关系

现代核心家庭的主要特点是密切的夫妻关系压倒其他家庭关系，夫妻与其他亲戚之间既没有许多利益，也没有许多责任。作为理想类型的夫妻家庭代表着一整套强调个人权利、自由选择和自我实现的家庭模式（陈杰明，2010）。

家庭的排外性与夫妇式家庭从扩大的亲属群体和社区关系中独立出来有关，也与夫妇式家庭的个人主义价值观增强、小家庭的功能专门化有关。古德在他的论著中也有类似的表述，他还指出，与工业化相适应，夫妇式家庭能最大限度地满足工业和技术社会中的个人主义和男女平等主义、夫妇式家庭的排外性和其成员之间的亲密关系重要性的观念形成。这种注重家庭成员的亲密关系的观念，被认为是新的中产阶层的意识形态，它强调夫妻关系的爱情基础，以儿童为中心的家庭关系，以及重视孩子的教育等观念。这种排外性和对私人生活领域的重视可以表现在年轻人结婚后对建立独立小家庭的渴望上。在凡村村改居之前，很多与公婆一起居住的年轻儿媳渴望早一点搬迁的原因之一就是希望与公婆尽早地分家单过。与公婆分家单独居住可以使儿媳在家庭中更容易地表达和实现自己对所期望的生活方式和生活品质的追求。

哈雷雯在比较了前工业化家庭与现代家庭的不同特征后介绍说，前工业化家庭包括各种功能，是一个工作坊、教堂、感化院、学校和庇护所。在经济增长和工业化过程中，工作场所从家庭转移，家庭作为生产单位的功能转移到外部机构。由于家庭重心转向内部，承担家务、亲密性、私密化成为主要特点。与这个过程相伴，核心家庭成为治疗外部世界创伤的场所，成为家庭成员的情感避难所（Hareven，1974）。在凡村村改居后，周边各项生活设施的逐步完善，为家庭传统需要满足的多种功能转移到家庭外部提供了客观的条件，例如，新区周边饭店和小吃部数量和便捷程度提高，好多打工的人就不在家里吃早饭，而是选择去小吃部，这就使妻子对丈夫的责任与义务（为丈夫准备食物）感降低，甚至有时会听到妻子的这些抱怨：别人家的丈夫都能去餐馆吃个早饭，我家的就偏偏不去，还累得我早早起来给他做饭。而在这之前为丈夫做早饭是妻子们理所当然的责任和义务。

在凡村村改居之后，绝大多数有参与工资性工作条件的女性选择了外出工作。当问到那些家里的收入已经足够维持生活所需的家庭中的女性为什么还要参加工作时，她们回答说，"其实每天在家里做家务也挺累人的，可是丈夫还认为你在家里闲着什么也没干，人家挣多少钱都是人家挣的，既然如此，我为什么不出去上班，挣些钱自己花起来也理直气壮"。当社会的评价标准将家务劳动排斥在"社会价值"之外时，女性的解放道路显然也会存在于她们被压迫的社会之中。妇女走向社会，并利用这个方法使自己的地位得到提升，这是一个普遍的现象（刘亚秋，2010）。

村改居从根本上改变了农村传统女性的劳动与生活方式，并进一步改变了她们原有的观念与行为。在针对凡村的个案研究中，女性被访者表现出了较强的个体化倾向：不仅更加关注自我的感受，而且将自己的选择作为自我经历的解释核心。一位齐姓的女性被访者对她自己为什么在家里人都反对的情况下还要外出工作做出了如下解释："我不愿意待在家里，出去工作我会更加开心，在外面工作我认识了很多和我年龄差不多的人，她们给我提供了很多生活上的建议，这些建议都很有用，选择出去工作我会觉得更加幸福。"在追求个人目标时，女性也将自我作为一种实现目标的主要手段，在人际交往中更偏离感性而倾向于理性。不仅如此，在访谈中，许多女性被访者也更倾向于将自己的想法归结于自身，多次强调她们的看法仅代表自己，不能代表别人，甚至不能代表其家人。在对自己的想法加以表述的时候，多数女性被访者津津乐道自己之于传统关系的独立，并且强调这种独立是被周围人所认可和羡慕的，这种自我独立的感觉在村改居之后非常明显地表现出来。为什么会出现这种现象？

征地搬迁之后与征地搬迁之前相比，凡村村民的生活发生了两种基本变化：一是劳动方式的改变，征地之前以农业生产为主要劳动方式和生活来源，征地之后完全脱离了原来的农业劳动方式，变为工资性收入的劳动方式；二是居住方式的改变，撤村建居之前村民主要居住在独立的家庭院落内，家庭结构以三代构成的主干家庭为主，撤村建居之后村民则居住在由原来的多户村民共同居住的单元式楼房内，家庭结构以父子两代构成的核心家庭为主（除了一些成年单身家庭以外，其余全部为核心家庭），这样一种转变可以在搬迁后凡村户数急速增加中看出端倪。劳动方式与居住方式的改变带来了村民生活的一系列变化。

随着劳动方式的改变，相应值得加以关注的是女性工作形式的改变。从更加具有家庭属性的农业劳动中脱离，加入更加具有个体属性的工资性劳动中，女性工作形式的改变无疑推进了女性个体化的思想和行为。这印证了南茜·戴维斯和罗伯特·罗宾逊的研究结论，即女性参与有薪工作的增多会增强她们的独立性和个人主义倾向（Davis and Robinson，1988）。不仅如此，居住方式的改变也加深了这一过程。撤村建居之前，从夫居是凡村主要的婚后居住模式，并且家庭结构以三代构成的主干家庭为主。在这种居住模式中，婚房的费用由男方家庭来承担，婚姻中的女性或多或少会有一种寄居的感受，除此之外，主干家庭中老辈的家庭交往模式也会在日常生活交往的言传身教中传递给下一代，形成一种家庭成员身份关系和认同上的代际传递。撤村建居之后，原来的主干家庭分解为核心家庭，新房按照家庭人口数目来分配，因此，女性也有属于自己的家庭住房面积，更增强了婚姻中女性的主人翁感受，不仅如此，与老辈人分开居住，更加剧了从纵向家庭关系为主向横向家庭关系为主的家庭关系模式转变，夫妻关系成为家庭中的核心关系，相应地，女性在家庭中的角色转换成为两极关系中的一极，而非原来相对弱势的以父子关系为主的家庭关系中多极关系中的一极，在这种家庭关系转变过程中，家庭中女性——作为主人和妻子，而不仅是儿媳和孩子母亲——的角色和地位得到重视和提升。女性"不再是家庭的附庸，不再单纯地为家庭而奉献自己的一生"，她们关注自己，感受自己，按照自己的意愿去选择自己的人生，并且这种自由与独立逐渐得到周围人的认可与尊重。在这样的劳动方式与居住方式的转变中，女性个体化发生了，伴随着女性个体化的发生，夫妻权力模式实现了从男性集权到夫妻平权的权力流转。

村改居之后，原来的村民搬迁到单元式楼房内，随着诸多条件的改变，如家庭中卫生条件的变化以及公共场所的建立等，邻里之间很少相互串门，形成了以家庭为单位的私人空间。这种私人空间的形成使外人更少参与到家庭内的生活，保护了家庭的隐私，在这样的情况下，丈夫更愿意在家庭中承认和尊重妻子的权力。

不仅如此，农民从原来的农业生产的劳动方式中脱离，外出务工成为重要的生活来源与途径，尤其年轻人更是长居于外地，这增强了村庄内人口的流动性。同时，市政府搬迁以及周围学校与医院的搬迁给新居住地带来了商机，新居住地流入了很多陌生人。人口的流出与流入使村落群体的边界变得模糊，相应地，原来熟人社会中相互之间的熟悉程度降低。斯科特曾经在其著名的《弱者的武器》一书中论及弱者使用舆论的武器来保障自己的权利。阎云翔也曾经注意到对于熟人社会来说，公众舆论在判断一个人的行为上远比法律重要（阎云翔，2006）。但是，随着村落人口流动性的增强，村落群体的边界愈加模糊，对熟人社会的整体文化规范与训诫的程度也减弱了。具体表现在越来越多的人不愿意在公开场合，甚至在私底下也很少议论别人的生活，越来越多的人觉得每个人都有选择自己生活方式的权利。传统的文化规范与训诫的重要手段——公众舆论的功能越来越退出人们的生活，传统文化规范的作用越来越小，相反，人们的生活越来越多地受到大众媒体的影响，这些无疑都推动了婚姻家庭中夫妻平权的进一步实现。

在村改居前后，农业劳动向有薪工作的转变以及居住方式的变化在多个层面上改变了传统村落中女性的生活，这不仅仅是指诸多研究中所提到的女性作为个体的生活水平的提高，更加指在女性作为个体的生活水平得以提高的同时，其对个体生活方式的选择具有更多面向。当面对更具个体属性的有薪工作而不是更具家庭属性的农业劳动时，她们不仅拥有了更直观的个体收入，还拥有了更多来自个人创建而非来自血缘继承的关系网，这些不仅使女性个体获得更开阔的眼界和更强的人际沟通能力，同时还使她们在面对个人及家庭困扰时，拥有了更多相对可替换的资源和生活中更少的不确定性。所有这些都使女性个体在对自我目标加以确定、选择和实现时拥有更多自由和更少压力，她们更愿意用个体的选择来解释自己所经历的一切，在人际交往中更偏离传统而倾向于理性。随着女性所表现出的明显个体化倾向，家庭中的夫妻权力模式也从传统的男性集权向夫妻平权的方向转变，在这一过程中，不仅劳动方式的转变给女性个体带来了更可见和可依赖的相对资源，使女性在夫妻权力平衡中相比原来更具优势，同时，外在传统文化规范的式微以及村落群体舆论压力的弱化也起到了不可忽视的作用。在这里，之所以将村改居之后的女性个体资源和个体关系网的独立性加以重点介绍和分析，是因为相比原来以家庭为基本单位的农业劳动和以家庭为核心的人际交往关系网络中男性主导的模式而言，现在女性所从事的是以个体为基本单位的工资性劳动，在新的劳动和生活环境中所创建的是以个体为核心的人际交往关系网络。从这一点上可以看出在村改居之后，在以核心家庭为主要家庭结构的夫妻之间，呈现越来越相互独立的个体资源与个体关系。

学者哈路弥·贝夫（1966，转引自阎云翔，2000）认为，在近代日本，礼物馈赠的特征在于它巩固以前建立的社会关系的功能，但是，随着日本社会迅速地现代化，送礼活动已经变得越来越个人化和工具化了。科林·约翰逊（1974，转引自阎云翔，2000）认为在檀香山的日裔美国人中，均衡的礼物交换有助于缩小社会流动造成的日益分化，而且"礼物收受的义务巩固了人际关系，否则这些关系就可能由于同化入更大的社会中而消逝"。在村改居之后的凡村，礼物交换行为确实彻底地发生了变化，与上述学者在不同研究地点得出的结论一样，这种变化的发生也改变了凡村的人际交往关系。

在前文中曾经提到，劳勒（Lawler，2001）关于社会交换中的情感理论关注了两个问题：一是在什么样的条件下交换会产生情感？二是在什么样的条件下，这种情感会有助于社会单元（关系、群体、组织）的形成和维续？劳勒区分了不同的交换类型，在不同的交换类型中包含着不同程度的情感，同时，不同的交换类型对群体凝聚力和团结度也产生不同的影响。首先，生产性交换，在生产性交换中，参与交换的人通过共同努力或资源联合以完成任务。生产性交换是一种联合的任务，即只有不同的成员扮演和完成自己特定的行动，任务才得以完成。生产性交换存在的基础是合作为参与合作的行动者提供了最大的个人利益，在生产性交换中最主要的议题是合作。生产性交换与其他交换结构类型相比，具有更大程度上的相互依赖，它是最具集体性行为倾向的交换结构类型，并在其过程中产生最强烈的情感，形成最大限度的群体凝聚和团结。其次，协商性交换，协商性交换是参与交换的人通过对具体的贸易条款或契约进行协商以完成交换。再次，互惠性交换，在互惠性交换中包含连续的、非协商性的、单边报偿的，并且没有外显的期望的互惠行为以完成长时间段的交换。互惠性交换中不言明的、非正式的理解代替了协商性交换中的外显性条款的沟通。人情交换、工作任务的协助、晚宴的邀请等都是互惠性交换的例子。最后，一般性交换，在一般性交换中，交换不带有个人化特征，交换是间接发生的，交换的主体与交换物之间可以分离，并不会产生普遍的情感。

在凡村村改居之前的村落生活中，村民在劳动过程中的礼物交换和互助性交换就是一种生产性交换，在这种联合的生产性交换过程中，村民通过共同努力和资源联合来完成各项农业生产中需要联合才能够完成的任务。当以生产性交换完成农业合作任务之后，村民之间在联合的团体内形成了更具认同意味的情感倾向，并在后续的合作行为中乐于延续这种合作方式，维系并加强了人际交往关系。村民之间日常生活中的礼物馈赠可以被视为一种互惠性交换，这种互惠性交换中的相互帮助和食物的赠送等行为并没有期待对方即刻偿还，甚至并没有期待得到对方的偿还，而仅仅代表一种情感的表达，一种对双方之间亲密关系的认可。仪式中的礼物交换，即随礼等行为可以被视为日常生活中礼物交换的一种外在表现，只有在日常生活中人们相互交往，形成较为亲密的交往关系之后，才会在仪式性典礼中参与循环往复的随礼活动。在凡村，更为经常的情况是，通过偶然的农业生产活动或者日常生活中的互助，原来关系较远的村民之间相互熟悉并相互了解起来，之后在已经相互熟识的关系之间，当有人举行仪式性典礼时，才会发生第一次的随礼行为，当然，这种已经发生的随礼行为不会轻易地断裂，而是会不断地延续下去。村民之间一同购买农用品或者禽畜饲料等，并且在有些家庭剩余而有些家庭缺少时的相互交换可以被看作一种协商性交换。在这里，协商性交换不同于商品性交换之处在于，在这种协商性交换中包含着相互补给以实现恰好共赢的感情因素，这是一种合作完成某项任务的另一种表现方式。与生产性交换相比，协商性交换更具工具性意味，与商品性交换相比，协商性交换则更具感情意味。一般性交换反映在日常生活中则表现为商品性交换，是金钱与商品之间即刻实现交割的一种交换方式，在这种交换中，不带有任何感情色彩，而完全是一种双方之间需求的各自满足，并且这种需求的满足建立在讨价还价和对最后的成交价格相互认可的基础之上。

在村改居之前的村落生活中，凡村村民之间的生产性交换、互惠性交换和协商性交换是极其频繁的，在交换行为中涉及很多传统习俗和规范，在农业生产和生活中相互帮助及礼物馈赠的行为如此之多，并且这种单方面的帮助和馈赠并没有期待对方即刻偿还，甚至并没有期待得到对方的偿还，帮助和馈赠行为只代表一种情感的表达，和对双方之间关系的认可。例如，即便对方赠送的食物自己并不喜欢，扔掉的时候也会选择将食物扔到对方不可能看到的地方，虽然自己并没有食用，但是对于对方赠送自己食物这一行为中所包含的感情持认可态度。正是这样的交换行为增进了人们之间的感情，维系了人们之间的关系。而在村改居之后，正如在上文中所描述的，生产性交换、互惠性交换和协商性交换基本上完全消失，在人们的生活中，仅仅剩下更具工具性意味的仪式性典礼中的随礼（这在很大程度上也只是为了之前所欠人情和所欠礼金的偿还）和一般性交换。这种一般性交换面对的是陌生的人、陌生的关系，从互不相识到利益交割再到互不相识，没有任何其他交换类型中存在的丝丝缕缕的感情色彩。

不仅如此，由于劳动方式从农业劳动模式向工资性劳动模式转变，家庭中的个体在新的工作环境中结识了新的朋友，建立了更多基于个体而不是基于家庭的关系网络。尤其表现在年轻人身上，个体关系网的建立主要是源于个体学缘和业缘关系的创建，而不是源于家庭传统关系的承继。因此，即便是在凡村现存的仪式性的随礼过程中仍延续着原来的村落内家庭关系网的人情往来，可以想见在不久的将来，这种人情往来也会随着一代人年龄增长最终不再参与到随礼活动中而终结，在现在的凡村，虽然还没有完成这一年龄增长的自然周期，但是这种趋势已经开始显现。当这个周期完成之后，人与人之间的传统关系将彻底终结，留下来的只是商品交换关系。

阎云翔（2000）通过对中国村庄的实地田野研究指出，许多人类学者已经采用不可让渡性的概念来解释送礼者与受礼者之间精神的、非功利性联系的存在，尽管不可让渡性理论避免了把礼物交换化约为自利的个人之间简单的两方交易形式，但是它也不足以解释村民的随礼实践。在中国的情境中，礼物不但是可以让渡的，而且必须是被让渡了的，回赠同样的礼物被认为是一种侮辱与拒绝的姿态。中国人的礼物本身不包含任何超自然的性质。不过，它被视为传达重要的精神信息——诸如关心、眷恋、道德关怀和感情联系——的最为有力和最受欢迎的工具之一。因而，礼物创造出送礼者和受礼者之间的精神联系，这种联系被村民统称为人情。换句话说，不是礼物的精神而是人的精神将馈赠双方联系在一起，不是物品而是通过物品传达出来的人情是不可让渡的。在劳动过程中以及日常生活中的互助行为都包含"人情"，这使一些人对一些人"负债"，即"欠了人情"。在村改居之后，劳动方式和居住方式的改变所带来的日常交往方式的变化使村落家庭关系网之间的互助行为和礼物交换行为越来越少甚至完全消失，在这样的更具工具性的随礼活动中，礼物并不包含一种整体性人格，用"现金"来表达的人情礼往更似一种理性的计算、一种利益的权衡、一种更似商品交换的你来我往。人格与物相分离。礼物交换类型逐渐从饱含感情的生产性交换走向感情稀缺的一般性交换。

村改居前后礼物交换的关系网络、礼物交换类型以及参与礼物交换行为的中心的比较可以通过图5-2表现出来。

图5-2 凡村村改居前后村民人际交换关系对比

　　在村改居之前，礼物交换的关系网络是以家庭为中心的，即以家庭为单位参与人际关系往来和人际关系之间的礼物交换活动。在邻近礼物交换关系网络中心的家庭外围，是家庭承继的来自血缘关系的居住在家庭附近的亲属关系以及家庭承继的来自父辈的村落中的邻里交往关系，这种交往关系的维系和巩固是通过村落仪式及日常生活中的生产性交换、互惠性交换和协商性交换来完成的。在这层交往关系的更外围一层是由家庭创建的村落中的邻里交往关系，这种交往关系的创建是通过村落仪式以及日常生活中的生产性交换、更加具有表意性意味的互惠性交换和协商性交换完成的，并且这种关系通过仪式性庆典中的随礼活动外在地表现出来。在家庭交往关系的最外一层，是与陌生人之间的一般性交换关系，也即商品性交换关系，在商品与货币交易完成的瞬间，交换关系终结。

　　在村改居之后，礼物交换的关系网络是以个体为中心的，即以个体为单位参与人际关系往来和人际关系之间的礼物交换活动。在邻近礼物交换关系网络中心的个体外围，是个体承继的来自血缘关系的居住在家庭附近的亲属关系以及由个体创建的来自学缘和业缘的人际交往关系，这种关系的维系和创建是通过更具工具性意味的互惠性交换完成的，并且通过在这种关系之间的次数较少的表意性交换来维系感情，这种关系和感情的维系更多的是出自当个体面对未来的风险和未知的不确定性时的一种规避风险和不确定性的自我保护。在这层交往关系的更外围一层是个体承继的来自父辈的村落中的邻里交往关系，对于个体而言，这种关系中的人际交往只限于认识和点头之交，不存在与其的礼物交换关系，当父辈不再参与到此种人际交往中仪式性庆典的随礼活动之后，此人际交往关系会自然断裂，不再维续。在个体交往关系的最外面一层，也是与陌生人之间的一般性交换关系，即商品性交换关系。

　　将村改居前后的礼物交换关系网络、礼物交换类型以及参与礼物交换行为的中心进行比较，可以看到，礼物交换行为的中心从家庭转向了个体。阎云翔（2016）在论述中国社会个体的兴起中指出，一种构成社会结构个体化的社会性新类型出现了，这种"新社会性"是指作为个体——而不是作为家庭或者其他社会群体的代表——的个体间社会互动。阎云翔提到新社会性的两个特征，其中之一是在一个商业化的公共空间中以消费为基础的社会互动，另一个特征是个体之间的朋友关系，即那些甚至在婚后也将自己作为个体来认知和行动的人。以上两个特征的出现不仅摧毁了将个体限定在既定群体中的集体边界，还确立了将个体作为社会生活中的独立单位的认知。这两个特征在村改居之后的凡村恰好出现了，个体不仅将自己，而不是家庭，作为礼物交换关系网络的中心，而且通过不同的礼物交换方式建构并维续着不同的礼物交换关系网络。在以个体为中心的礼物交换关系网络之中，来自血缘关系承继的亲属关系和来自代际传递的村落中的邻里关系的重要性降低，而由个体创建的更多来自学缘和业缘的关系的重要性增加，同时，在这种关系中，工具性意味更多地覆盖了传统礼物交换中的感情。一般性交换，也即商品性交换在个体生活中逐渐取代了其他大部分，甚至一切传统的礼物交换类型。如果说传统的礼物交换建立起来的是人跟人之间的关系，那么商品交换建立起来的则是物与物之间的关系，商品交换是人与物之间的分离，人不再跟他所拥有的物融合为一体，而是各自有了独特性，相互交换的是异化出来的物。比较传统的礼物交换和商品交换，前者是参与交换的人之间非异化物的交换，交换者之间处在一种互惠的依赖状态；与之相反，后者不仅是一种异化物之间的交换，而且交换者之间处于一种互惠的独立状态（Gregory，1980）。

在市场经济环境下，还有一种有别于商品交换关系的关系形式值得注意，那就是发生在一定条件下的雇佣关系。与亲属纽带不同，雇佣关系是以市场交换，而不是个人责任为前提的，雇员与雇主的关系是契约性的，并且包含了一系列市场交换的交易原则，如对工资、技术培训等的要求。雇佣合同中包括细节的规定与争端的解决，必要时会诉诸法庭诉讼与仲裁。在长期的雇佣关系中，尤其是在面对面的存在经常性互动的雇佣关系中，雇员和雇主之间会产生信任，也会产生偶尔的礼物交换行为，会产生雇主对雇员的信任以及雇员对雇主的忠诚。虽然在雇佣合同中会具体约定一些合作条款，但在雇佣合同的契约之外，雇主会赠送一些礼物给雇员，包括奖金、休假等，不仅如此，还包括一些非物质性物品，如建议、信息和精神支持等。雇主与雇员之间的雇佣关系维持的时间越长，两者之间的关系越强，礼物交换行为越频繁（Ben-Amos，2000）。礼物关系渗透于市场交换之中，这种情况的出现有两个前提条件：一是在契约关系中有强规则加以控制，这种强规则限制着雇佣关系中雇主与雇员的权利、义务，但是雇主与雇员之间的相互支持和给予不可能完全由契约表达出来，即在雇主与雇员之间的互动中存在超出市场交换的内容，不能简单地用市场或者商品交换关系来加以解释；二是在雇佣关系中，雇主与雇员之间存在面对面的亲密的互动，但这种互动没有家庭和亲属成员之间的互动频繁，即雇主与雇员之间的礼物交换是不涉及个体责任的不受文化和舆论影响的互动行为。在这种关系中，交换不仅是物质利益，还包括信任与精神支持等。考虑到以上两点，就会发现此类关系的模糊性，通过礼物与支持的交换，互惠被激发。而对终将会离开的预期，使得这种关系中又包含着风险，因此，此种关系中的互动与家庭和亲属纽带中成员之间的互动相比更受束缚，但是在足够长的时间段内频繁的互惠还是能够在信任的基础上产生和维持利益和相互责任的紧密循环。

另外，尽管大多数学者注意到礼物交换在达成和巩固社会团结和人际关系方面的显而易见的功能，并认为在现代社会市场经济和商品交换以颠倒一切的力量出现时，礼物交换可以使人们的社会交往更加温情，而不是表现得如商品交换中一样自利，但是，礼物交换同样带给实际参与交换的人许多负面感受。

礼物和互惠性交换有它们自身的界限，而礼物的诱人之处也是有限制的。人类学家指出了可能围绕在礼物周围的危险、怀疑和玷污：赠予者可能被认为是"邪恶"的，而他们的罪恶也会随着礼物被转移；接受者可能将礼物用在不当之处。礼物可能也意味着物质和精神上的花费。个体之间的互动可能变得更有负担，礼物可能会迫使接受者变得更具有依赖性、不想承担责任和存在一种永久的想要报偿的精神背负（Ben-Amos，2000）。不仅如此，当许多互惠性交换延期时，不确定性总是会出现，也可能会使交换双方抽身出当前的交换关系。在因为信任而提供帮助和在提供帮助时所包含的风险之间总是需要维持一种微妙的平衡。礼物的循环也可能会误入歧途。不能得到回报的礼物总是令人感到遭受背叛和侮辱，竞争性的礼物可能产生嫉妒和憎恶，特别是在兄弟姐妹之间的竞争中表现出来，因此疏远的后代子孙会倾向于抛弃自己的家庭责任和承诺。在责任紧密、期待更高的关系中，挫折就会表现得更加深刻。互惠的责任可能是非自愿的并让人厌恶的，家庭和小型社区内的亲密关系也并不总是意味着精神上的相互支持，在一些特别的情况下，亲密关系会毁灭一空，礼物关系也会崩塌（Ben-Amos，2000）。

在这样的情况下，市场交换的匿名性可能就包含着其自身吸引人参与的优势，个体可能会选择避免礼物交换，更可能的情况是，当代人更喜欢抽身出亲密的家庭纽带，希望参与到匿名的权利义务明确的市场交换之中，而且制度也可能被设置或用于颠覆和划定礼物赠予和互惠的界限。商品经济更加符合现代社会的要求，不用留恋过往以及被关系束缚。

对礼物交换的解读是存在分歧的，法国学者本身对莫斯所代表的礼物交换范式进行了一定程度的反思，认为存在两方面的缺陷：一是认为礼物交换范式乌托邦色彩太浓厚，完全忽视了市场和经济要素对生活世界的影响，因而是一种不现实的理论化；二是认为礼物交换范式具有强烈的宗教色彩，易导致政治灾难（汲喆，2009）。

第六章　村落舆论、身份认同
与凡村人际关系变迁

对于社会学理论来说，很少有哪些社会学议题比去传统化这一议题更加受到关注。社会理论家们从不同的视角来考察社会现象的变化（Gross，2005）。Cosmo Howard（2007）认为去传统化是一个杂乱的研究领域，在这一领域中存在相互竞争的理论框架。

卡斯特（2006）强调社会运动在重新形塑现代人际关系中的角色和作用，他在《认同的力量》一书中将现代社会经验作为社会运动的结果，考察了易于导致社会运动产生与发展的条件对重塑社会日常生活的深刻影响。吉登斯将人际关系的变化解释为与全球化相连接的个体自由化态度的反映（Giddens，1990），认为当代社会的去传统化来源于全球化过程中社会互动媒介的巨大转变。鲍曼将人际关系的变化与后现代文化联系起来加以考察（Bauman，2000b），认为在后现代社会，萦绕于个体生活之上的文化"符码与规则"的力量减弱，文化模式不再强加于个体，而是任由个体自证自明。贝克则关注当今世界人际关系之间的个体化发生过程（Beck & Beck-Gernsheim，2002），贝克认为在现代社会，个体越来越从大的群体中脱离出来，并且对自我独特性的认知也越来越强。相对于"社会认同"而言，"个体认同"变得更加重要，个体从稳定的、地方性的社会关系中抽离出来。

尽管以上各种解释有着各自不同的视角和关注点，但是贯穿其中的是人际关系的去传统化。这些理论家虽然几乎没有给去传统化一个明确的定义，但是去传统化指称两个彼此区别又相互联系的过程：第一，去传统化过程抛弃了或者重新形构了曾经发挥重要作用的社会文化传统；第二，去传统化指称一种韦伯（Weber，1968）意义上传统行动的普遍下降，即过去人们所采取的行动方式的转变。也有学者将个体化与去传统化理解为同一过程，个人曾经深嵌于家庭、亲属、地方社区等传统关系之中，但近年来社会生活的基本特征之一就是个体化，即个体与社会之间的关系发生了结构性的转变，传统对个体的控制与支持日渐丧失，社会成员必须作为个体来积极主动地创造自己的身份与认同（李荣荣，2014）。

第一节　管理传统与意义建构传统
两种文化规制方式

格罗斯（Gross，2005）认为这样一种对去传统化的理解在具体理解和解释社会现象时是有问题的，因为这种理解没有区分社会文化传统在形塑和约束社会行动时的两种不同方式。

第一，去传统化议题中最主要的部分是"管理传统"（regulative traditions）。在一些社会情境中，个体会认识到，如果他们没有按照其所归属共同体关涉历史认同的基本具体实践规范或者其他人的正当期望来行动的话，就会面临受到该群体排挤的威胁。这样一种实践界定了道德共同体的文化边界，这一界限区分了共同体内部成员与外部成员。首先，这些共同体可能是在不同的社会整合类型和层面上存在的，例如，小群体、家庭、宗教团体、村落、自愿联盟、公司、学术团体、民族国家等。其次，在实践类型上并没有限制，既可以是仪式，也可以是技术、日常行为、具有特定信仰的职业、对特定世界观的尊崇等。最后，对行动不合期望的个体的排挤可能是物理身体上的（如流放、执行死刑和监禁等），也可能是符号性的（如羞耻感、社会地位的下降等）。管理传统在以下方面发挥作用：至少存在一定程度的要求或禁止的实践期望，关于排挤的认知的或实际的可能性，以及实践与共同体核心历史认同之间的联系。因此可以理解，无论在"传统"社会，还是在"现代"社会，可以很容易发现管理传统的存在。

第二，社会行动同样受到"意义建构传统"（meaning-constitutive traditions）的形塑。个体出生在一个在其出生前很久就已经存在的世界，在这个世界中，社会文化传统并不是由该个体创建的，而是需要其去适应的。更为重要的是，米德曾经极富创造性地提出个体发育的经验上可信的理论，自我只能在主体间性理解的世界背景下成长，在这样一个我们生活世界的背景下，与社会角色和意义系统相关联的期望通过语言传递，语言意义的获得贯穿于不同的文化传统之中。在这一意义上，语言和文化传统是涂尔干曾经提出的最基本的社会事实，因为语言与文化传统不仅存在于个体之前而外在于个体，而且除了对个体产生限制作用之外也建构了个体本身。语言与文化传统在个体形成之后不仅没有失去其意义，而且达至一种稳定成熟的状态。如果剥夺了这一主体间性的传统，行为就变得毫无意义可言，传统的重要组成部分在代际传播，正是这些传统使富有意义的行动和自我的形成变得可能。

管理传统与意义建构传统之间的区别在于，管理传统通过将个体排挤出群体的威胁来发挥作用，而意义建构传统则是通过将个体建构成为一个以特定方式面对世界的主体人来发挥作用。因此，管理传统是通过外部限制来形塑个体行为的，而意义建构传统则是从内部使传统对个体行为的形塑成为可能。

因此，对去传统化的研究要在两个方面展开：一是传统形塑个体行为的外在限制减弱，即个体从"管理传统"中抽离；二是传统对个体行为的内部形塑消解，即个体自我认同和群体认同发生改变，个体从"意义建构传统"中抽离。

第二节　管理传统式微：村落舆论与闲话的规制作用弱化

斯科特（Scott，1976）在对东南亚的小农社会进行研究时指出，小农总是生活在其"事实"由一组规范与概念来决定的社会世界里，这些规范和概念构成主要社会关系的内涵。他们对于其生活世界中的事件与惯例的意义和价值有自己的理解，他们的行动和选择受到这种理解的制约。小农具有公认的价值观与规范，尤其是那些规定了社会中其他行动者能公平地或文明地对待他们的规范，这些价值观和规范被融入思考的过程中，这些价值观和规范之所以影响思考的过程，原因在于最终的行动（至少部分）取决于对相关的道德规范的考虑。

薛亚利（2009）在其《村庄里的闲话：意义、功能和权力》一书中指出，村庄里的闲话中，不仅包含整个熟人世界所奉行的价值观，还包含该价值观指导下的交往原则和道德规范，这些价值观、交往原则和道德规范对村庄里的个体的行为具有指导作用。闲话就成为表现村庄人们集体意识的公共舆论，人们会据此公共舆论采取行动，有时候是集体的行动，这种行动对那些不遵从整个村庄熟人世界所奉行的价值观、交往原则和道德规范的个人采取程度不同的惩罚，从言论批评遣责到不合作的疏远排斥，这些都是让个人畏惧的社会性力量，也正是从这个意义上来说，闲话具有维护熟人社会价值和道德边界的功能，是熟人世界的一种非正式的控制手段，对那些违规的个人具有束缚和规范的作用，它在维护熟人世界成为一个道德共同体。闲话对于个体和熟人社会发挥功能性控制作用，以申明村庄熟人社会中奉行的价值观和规范来维护熟人社会共同体的秩序。

对于村落的管理传统来说，舆论与闲话对行动不符合期望的个体的排挤包括两个方面：一种表现为符号性的排挤，如由面子问题所引发的羞耻感；另一种表现在人情礼往的更为封闭性的实惠和实质性帮助断裂的潜在威胁。

在早期的研究中，胡先缙（1944，转引自黄光国等，2004）的著名文章也许是对中国的"面子"概念最早做出系统分析的。胡先缙区分了两种面子：第一种标志社会地位，这是通过个人努力或心机而积累起来的声望，要得到这种承认，自我总是要依赖其外部环境；第二种意味着一个群体对一个德高望重的人的尊敬，这个人不管遇到什么困难，都会履行自己的责任，在任何环境下都会洁身自好。尽管胡先缙对面子做出的精确区分已经引发了概念上的进一步追究，但大多数研究仍然强调脸面是社会声望的一个方面，它具有外在的规范人的行为的功能。费正清（1979，转引自黄光国等，2004）认为面子已经成为社会性的，人的尊严来自恰当的行为和它所获得的社会认同，丢面子是一个人没能遵守行为规则，致使别人瞧不上他。

金耀基（King，1985）用社会脸面与道德脸面的区分重新表述了脸面的双重含义，认为道德脸面（胡先缙的第二种含义）在规范人的行为时并不诉诸外部环境或观众，相反，道德脸面基于一个人的羞耻感，从而充当着一种内在的道德约束。阎云翔回应了金耀基的区分，认为在下岬村村民的社会往来中，面子作为一种道德约束扮演着一个决定性的角色。对社会脸面的追求促使村民们积极参与礼物交换的博弈，而道德脸面的约束则规范着所有参与者的行动，关于脸面，特别是道德脸面的考虑，为指导个人的行动提供了一种内在的道德约束。

翟学伟（2004，2005）在对人情与面子两个概念进行分析时指出，颜面和面目的最初含义就是指一个人的面孔。在中国社会，由于个人是家族链条上一个摆脱不掉的分子，因此他的言行举止、为人处世、事业功名、做官掌权的问题就不仅仅是他个人的问题，还是整个家族的期待并由此可以沾光的问题。如果一个人做的事符合家族众人的期待，那么他不但自己感到非常荣耀，他的家人也会为他感到骄傲，并因此使家人同他分享荣誉和资源；反之，如果他做的事或选择违背了家人对他的期望或以失败告终，他就感到羞耻、丢脸，不愿回到家人群体中，以免让家人羞辱或让家人在当地感到无地自容。因此，在中国社会，许多事情不是个人想不想做的问题，而是家里人想不想他做和他做了会给家人带来什么的问题。脸是个体为了迎合某一社会圈认同的形象，经过印象整饰后表现出来的认同性的心理和行为。由此比较脸面和人情的区别，便可以发现，脸面是一个辐射性或推广性的概念，它的动力和行为方向都是以与相关的人共享为特征的，即与所谓的光宗耀祖、光大门楣等心理和行为相联系。否则的话，脸面问题只是戈夫曼理论中的个人印象整饰问题，而失去了更深层次上的动力源或众望所归的行动方向。面子是由脸出现后而获得的他人的评价，它从理想上讲发挥着人们对一个人的脸是否被某一群体或社会圈承认的检验和考验的作用。与脸面相比，人情的含义则是一个排斥性或封闭性的概念，它主要表现在有形和无形资源的交换上，显然，有交换关系或恩惠关系才有人情关系，没有交换关系就没有人情关系。一个人不与另一个人进行人情交换，就不能说他同此人有人情关系。因此人情的封闭性表现在人们彼此之间可以分清谁欠谁的人情或谁不欠谁的人情。人情偏向的是交换上的一种一对一的关系，因此它的回报方式就不是正面评价的问题，而是实惠和实质性的帮助；而面子偏向的是赋予交往关系以价值判断。人情是一种交换的结果，具有封闭性的特点，而面子则可以是无交换发生的结果。人情与面子彼此之间的联系之处是无论它们如何运作，其效果都是为了建立与他人的特殊关系，并将社会生活的意义寄托于此。

不论是封闭性的人情关系，还是开放性的面子问题，都涉及有关村落情境的"情境定义"。村落中个体的行为，来源于他们对所在村落的众多情境的分析和定义，人们在村落舆论和闲话中削平事实突出道德规范，找寻道德规范和生活意义，村落生活秩序的维持和运作与人们运用村落舆论和闲话对生活进行情境定义具有紧密的联系，人们对村落舆论和闲话所引导的人情和面子的情境定义就是在生活中找寻和一再重申各种道德规范。村落是一个由熟人关系构建的道德共同体，它是个人赖以生存和发展的空间，个人从中体验生活和感受生活气息，遵从，至少是不违反村落的道德规范。这既是村落道德规范对个人的要求和期待，也是个人最基本的行为原则，每个人都是自己行为的履行者，别人是监督者，违背道德规范就是对村落道德规范的威胁和挑战，是对村落集体公共秩序的威胁和挑战。越轨者的行为及活动就在村民的视野范围内，于是村落舆论与闲话的道德评说出现，每个人都可以参与到道德评说之中，在可见的村落生活事实中找到蕴含或者应该遵循的道德规范，从而在村落舆论和闲话评说中进行批判和解说（薛亚利，2009）。

这种作为外在管理传统的村落舆论和闲话是一种社会控制，而这种社会控制所产生的影响是通过村落中人们之间的面子维护和人情交往的威胁来实现的。但是，这种外在的管理传统并不是一成不变的，由于其作用的发挥需要一定的条件，就如薛亚利所指明的，村落舆论与闲话的功能总是和熟人世界的稳定相联系，如果熟人世界发生变化和分化，那么村落中人们的舆论与闲话也会发生变化和分化。村落中外在的管理传统也只是在熟人社会中发挥功能，当熟人社会发生改变时，外在的管理传统的控制性作用就不能再像以往那样得以维续，而管理传统在人们生活中的控制作用式微，反过来会加速熟人社会的进一步分化。

不仅如此，当外在的关于村落的情境定义发生变化的时候，村落中人们的舆论和闲话的导向也会发生变化。

农民从原来的农业生产的劳动生活方式中脱离，外出务工成为重要的生活来源与途径，尤其是年轻人更是长居于外地，这增强了村庄内人口的流动性。同时，市政府搬迁以及周围学校与医院的搬迁给新居住地带来了商机，新居住地流入了很多陌生人。人口的流出与流入使村落群体的边界变得模糊，相应地，原来熟人社会中相互之间的熟悉程度降低。斯科特曾经在其著名的《弱者的武器》一书中论及弱者使用舆论的武器来保障自己的权利。阎云翔也曾经注意到对于熟人社会来说，公众舆论在判断一个人的行为上远比法律重要（阎云翔，2006）。但是，随着村落人口流动性的增强，村落群体的边界愈加模糊，对熟人社会的整体文化规范与训诫的程度也减弱了。具体表现在越来越多的人不愿意在公开场合，甚至在私底下也很少议论别人的生活，越来越多的人觉得每个人都有选择自己生活方式的权利，只要没有影响到他人的生活，都是可以容忍和接受的。传统的文化规范与训诫的重要手段——公众舆论的功能越来越退出人们的生活，年轻人越来越不用考虑其他人的眼光和评价而自行其是。

正如在村改居之后的凡村中所显现出来的，舆论与闲话的管理传统对人们的控制作用减弱，人们在选择自己的行动时更少考虑到人情与面子问题，这不单单是源于原来村落熟人社会由于村落边界的模糊化和劳动方式的改变所带来的分化，也是由于村落舆论与闲话的导向发生了改变，相比过去人们更能接受个体相对于家庭或者家族的重要性，人们更加欣赏个体独立和自由的态度和行为，而不是过去的服从和奉献。这种现象可以在人们对孩子的性格和行为倾向的偏好中表现出来，在针对凡村的调查问卷中有这样一个题目："您更希望自己的孩子有以下哪种品质？"这是一个单项选择的问题，供选答案有两个，一个是听大人的话，能与周围人融洽相处；另一个是有独立想法，能独立做事，不依赖别人。在所有被访者的回答中，有八成以上的人选择了第二个答案，即他们更加希望自己的孩子能够独立而不是服从。这种村落中舆论与闲话所控制的道德规范的指向所发生的转变源自凡村人自我身份认同的变化。

第三节　意义建构传统消亡：对村落共同体的区隔与对市民身份的认同

郭星华和邢朝国（2009）指出，社会认同是"个体认识到他或她属于特定的社会群体，同时也认识到作为群体成员带给他的情感和价值意义"。个体通过社会分类把群体分为内群体和外群体，并通过自我归类将自己归于某一群体，将该群体的特征赋予自身，内化其价值观念，接受其行为规范。认同是一种获得自我身份感的需要。社会认同理论的基本逻辑是"人的自我价值感部分源自其群体资格以及对我群体的积极评价，而对我群体的评价则是基于和他群体的比较"。

人类学家林顿把角色界定为：每个人占据某个社会位置时，社会对他该做什么、怎么做抱有一整套期待，要求他按这种期待行动；角色扮演被理解为权利义务与身份相一致的结果（转引自毛丹，2009）。这一界定几乎影响到后来所有的角色定义。互动论者认为林顿的定义太简单化：功能主义的角色模式应该，但是实际上不能清晰地列出社会期望有哪些规则可以被据以规定和准确地预期可观察的行为；角色扮演不是被动服从与给定身份相连的规定。特纳（Turner，1994）为此使用角色构造概念，提出行动者是在社会互动过程中，根据他人的行为、他人对处于某个社会地位的人所抱的期待，做出推断及相应行动，即时创造出角色。

人们在对自己所扮演的角色加以认定并做出相应的社会互动之前，会首先区分出自己所归属的内群体及与内群体相对应存在的外群体。将自我归类于该内群体之后，会将该群体的特征赋予自身，内化其价值观念，接受其行为规范，在这一过程中根据对自我的角色定义与内群体的成员按照群体内期待和双方的相互期待进行社会互动。

毛丹（2009）在应用角色视角对农民市民化过程进行分析时指出，一些社会学家乐于像戈夫曼那样使用"戏剧类比"说明角色理论或观察的基本观点，即一个演员在舞台上刻画人物时，其表演是由剧本、导演指示、其他演员的表演、观众的反应，以及演出者的才干所共同决定的。演员对角色的诠释有所不同，但是不管谁演同一个角色，表演都很相似。与此类似，人们在社会中的行为也并非随意的，而是与人们的社会身份、位置有关，其行为是在扮演一种社会角色，既由社会对这个位置、身份提出的规范和要求所决定，同时也由其他人的角色扮演所决定，由人们对扮演者的观察与互动所决定，还由扮演者的独特能力和个性所决定。社会"剧本"也如戏剧脚本那样发生约束，只是经常允许有更多的选项；"导演"经常由上司、父母、老师或者教练担任；"观众"则由那些观察角色扮演的人组成；而社会角色的扮演者的表现如何，与他对"角色"的熟悉程度、个性与个人历程，还有其他人对"脚本"的多样化定义有关。在本质上，角色扮演是社会规定、其他人的行为，以及个人扮演变化的结果，并且是以这些因素创造的框架去衡量角色扮演的程度。社会身份、规范和期待、互动与认同等是基本的分析工具。毛丹认为角色视角可以被用来分析城郊农民市民化，但是它所给出的重要提示是：社会身份完整、角色期待明确、互动环境良好，以及新旧角色转换通道流畅、新角色固化健全等，都是顺利实现城郊农民市民化的前提或条件。目前，城郊农民市民化的主要障碍并不是农民对新角色认同困难、担当能力低下，而是农民受到了赋权不足与身份缺损、新老市民互动不良、农民认同条件不成熟这三方面的限制。

在村改居之前的凡村人看来，农民身份无疑是其为自己界定的内群体身份，而市民身份则是一种相对立存在的外群体身份。人们会按照自己的身份内化农民群体的价值观念，并按照熟人社会的行为规范和角色期待来做出相应的行动。在凡村人的观念中，农民身份角色与市民身份角色的差异主要体现在农民与市民之间的劳动方式和生活方式的区别上。凡村人认为农民以农业为主要劳动方式和由院落式住房杂居导致的不同于市民的生活方式是苦、累和脏的，农业劳动是"面朝黄土背朝天"的，院落式住房杂居不仅要忍受每天抱材生火做饭的脏乱和麻烦，还要忍受似乎无时无刻不在"监视"的邻里的目光，而市民则可以在相对舒适的环境内工作和生活。在村改居之后，农民的劳动方式和生活方式都发生了改变，由于日常的生活设施都是新近建成的，新的生活看上去比老市民更加舒适，并且由于每年按时发放的土地征用补偿款是老市民所不具有的，因此凡村人更加满意自己的身份，认为很多原来选择将农业户口转为非农业户口的村民现在享受不到农民这一身份带来的利益，是"走错了一步棋"。

不仅如此，村改居之后的凡村人开始按照自己理想中的市民生活——相对于村落熟人社会的内群体而言的城市居民的外群体的生活——来进行模仿和实践。对于村改居之后的凡村人来说，农民与市民之间除了劳动方式的不同之外，在生活方式上的区别也是重要且显而易见的，市民的生活是方便的、舒适的，不用过多地考虑人情与面子，不用担心不必要的舆论和闲话，这种"躲进小楼成一统"的生活被凡村人——曾经被道德评说所困扰，这种困扰不是仅仅指称已经发生了的道德评说，更多的是一种内心对某种行为可能引发某种道德评说的担忧——所艳羡。现在，凡村人已经过上了这种曾经为其所艳羡的生活，并且获得了对其自身身份相对于市民身份而言更强的身份认同，于是人们将这种曾经的艳羡转化为实际行动，一丝不苟地模仿和实践着。在访谈中，许多被访者提及这样一个词，即"农民新区"。被访者谈到，"别人问我们具体住在哪儿时，听到回答后，都会说，哦，原来是'农民新区'啊。但是，我们现在哪一点不与城里人一样？我们还比他们有额外的地钱（征地补偿款）呢"。在自我身份认同上，现在的凡村村民已经俨然将自己当作城里人。

赵旭东（2009）将角色扮演与仪式联系起来加以考察，在对仪式概念做出定义之后，他指出，就仪式本身而言，它还具有一种社会区分的功能，简单来说，如果我们接受仪式是一种行为方式的看法，那么，我们如何行动将会决定我们属于哪个阶层，甚至属于哪种文化。仪式是一种社会观念得到体现的媒介，在有他人在场的情境下，我们一定会不由自主地表现出礼仪性的行为，这种行为同时也可以看作一种习惯，是从孩童时代起逐渐培养起来的一种文化里的人们应该如何行动的倾向性。如在德里达（1992，转引自赵旭东，2009）看来，仪式无处不在，没有了仪式，也便没有了制度，没有了历史。仪式就像是一种表演，文化和意义借助这种仪式性的表演而得以展现，或者观看者可以从仪式表演中心照不宣地领会到仪式背后的意义。仪式的表演性为哈佛大学的人类学家唐拜（1985，转引自赵旭东，2009）所极力强调，在他看来，仪式不过是一种通过文化而建构起来的象征性交流体系。构成仪式要素的语言和行动都是模式化的，并且按照一定的套路得到表现。一方面，仪式是一种言说，做什么就是在说什么，反之亦然；另一方面，也许更为重要的就是，通过类似于舞台表演的表演，表演者把一种意义附会到表演者的表演上去，或者从表演者的象征性动作中推论出一种意义来。任柯安（Kipnis，1997）在对山东省一个农村村落的日常关系生产实践过程进行了详细的描述之后，他指出，在村民烦琐的日常关系生产实践过程中，尤其是在仪式性表演过程中，村民沿承并重建了对自身的认同，确认并强化了我群体与他群体的认知区别，形成了农民自我的子文化，这种子文化进一步成为村民未来行动的规范和期望标准。

个体的情境认同和身份认同发生变化，对仪式中要表演的内容的认知也发生变化，进而表演改变。如在葬礼上的仪式表现就与村改居中葬礼上的仪式表现完全不同，凡村村民还会认为在新的居住区不应该这样，因为城里人是不会允许在居住区内有如此扰民的行为的。随着这一系列的变化过程，仪式表演控制的程度和频率降低，这是由于人们个人空间和以个人为中心并由个人所创建的人际交往关系增加，家庭内互动和家庭之间互动的频率降低。仪式表演控制的内容发生了改变，如在人际交往和人际互动过程中更加强调个体的自主性和独立性而不是服从。控制的方式也发生了改变，如作为管理传统的村落舆论和闲话已经失去了其在控制人们日常交往中互动行为和在互动行为中的相互期待上的作用，而作为意义建构传统的内群体认同与自我身份认同在外部环境发生变迁的同时也相应地转变了。当社会场景与情境定义发生变化时，尽管在一个特定文化传统里面该如何行动的角色期待和展演是从孩童时代就培养起来的，但是随着个体对其所属群体的认知和身份认同的变化，这种角色期待和展演也会发生变化。换句话说，个体越来越从管理传统的外部控制和意义建构传统的内部控制中脱离出来，在新的群体归属、新的群体文化规范以及新的自我身份认同中实现新的角色扮演和人际互动中的相互期待。

需要注意的一点是，发挥外部控制作用的村落舆论和闲话以及发挥内部控制作用的身份认同的改变，应该导致的结果是个体从管理传统和意义建构传统中脱离，但是现实情况并非如此简单。在 2010 年的春节期间，凡村发生了这样一件事。村里一户杨姓家庭准备在农历正月初九这天为家中九十岁的母亲祝寿，在提前十天的时间里就给准备邀请前来参加祝寿典礼的客人发出了正式的邀请请帖。但是，在这里有一件需要注意的事情，那就是在凡村只有给六十六岁老人和八十岁老人祝寿的传统，寿命达到九十岁的老人在村中虽然不多见也十分难得，但是九十岁的老人一般是在家庭或者家族范围内举行祝寿活动的。在从收到正式请帖到参加正月初九举办的祝寿典礼之间的十天时间里面，在正式或者非正式的访谈中经常会听到被访者提及这户杨姓家庭过去举办的各种仪式性庆典。首先，这户杨姓家庭中有两个儿子，已经分别结婚并各自有了孩子，这就涉及两次新婚庆典和两次生育庆典；其次，这户杨姓家庭中的父亲前些年过世了，村里的人又参加了杨姓家庭中举办的葬礼，并且在葬礼中也随了礼；最后，这位正要过九十岁寿诞的老人在前些年也分别举办了六十六岁和八十岁的祝寿典礼。把这些仪式性随礼活动加在一起，这户杨姓家庭在不是很长的时间里共举办收礼活动七次，如果再加上这一次的祝寿典礼，则达到八次之多，被访者还说，老人再长寿还能活多久，已经年过九十了，那么在可以预见的未来，还要去参加这位老人的葬礼，当然还是要随礼的。用被访者的话来说，给九十岁的老人过寿诞，就是在利用老人来赚钱。不仅如此，这位九十岁的老人共有两个儿子，在由谁来承办老人的祝寿典礼问题上，两个儿子发生了争执，因为由谁来承办就意味着祝寿典礼过后所收到的礼金归谁。最终，祝寿典礼的承办权落到大儿子手中，小儿子对此极不满意，甚至连正月初九为其母亲举办的祝寿典礼都没有出席。尽管凡村人对杨姓家庭举办祝寿典礼的目的性有所怀疑，并且对其家庭中不断的收礼事件非常不满，但是接到正式邀请的人最后还是选择参加了这次祝寿典礼，并按照平时村中一般典礼要随礼的礼金数额和平时与杨姓家庭交往关系的远近准备了礼金。在对一位曾经与杨姓家庭没有任何随礼往来但是这次同样收到请帖并参加了祝寿典礼的被访者进行访谈时，当问及为什么在如此不情愿的情况下还要选择去祝寿时，这位被访者回答道，这户杨姓家庭中的媳妇会将胳膊将腿，即谁家的孩子手腕或者脚腕不小心扭伤或者错位了，她能够通过按摩或者牵引将扭伤或者错位治好。前几年，这位被访者家中的孩子正好在玩的时候不小心伤了脚腕，正是这户杨姓家庭中的媳妇给治好了伤痛，虽然当时也按照市场价格付给了治疗费用，但是总感觉欠了人情。尽管在两个家庭之间以往的交往中没有发生过随礼行为，并且估计以后两个家庭之间的关系也不会更加紧密，但是，这次祝寿典礼还是要参加的，如果不参加的话，将来在路上碰到会觉得不好意思。

在这次事件中凡村人所表现出来的态度和行为相互矛盾，自我身份认同的改变使人们对原来村落中的人际交往和频繁的随礼关系不胜其烦，尤其是当现在的随礼关系越来越失去了其传统的感情意味，越来越变得工具化的时候，人们更加不喜欢这种交往关系。不仅如此，当村落舆论和闲话不仅不再能够发挥其过去所固有的功能，而且在这次事件中，人们的舆论一边倒地对这户杨姓家庭进行了负面评价的时候，人们却一致选择了与其态度迥异的行为。具有外部控制功能的村落舆论和闲话改变了，具有内部控制功能的人们的自我身份认同改变了，人们对待传统人际关系和人际交往的态度也改变了，但是在某些行为上延续了传统村落文化中的固有模式，尽管个体本身也意识到这种在自己身上表现出来的态度与行为的矛盾带给自己的纠结。个体认知与传统村落文化惯性延续之间的矛盾恰恰体现了管理传统与意义建构传统之间的矛盾。人们首先从管理传统中脱离，而意义建构传统则表现得更为内在，惯性更强，不可能在短时间内消失。在村改居之后的凡村，传统的礼物交换类型消失了，伴随着传统礼物交换类型存在的人际交往中的感情因素也越来越淡漠，人们失去了曾经在创建、维系和巩固其传统人际关系中发挥重要作用的途径和手段，在相互之间的人际交往中表现出了越来越明显的个体化倾向。同时，作为管理传统的村落舆论和闲话对人们行动的影响减弱甚至消失，作为意义建构传统的自我身份认同也从更具服从意味的对群体的归属转化为更具独立意味的对自我价值的实现。但是，传统村落文化并没有在短时间内消失，它以一种更为隐秘的方式存在于人们的交往行动之中，即传统村落文化以一种意义建构传统的方式惯性地表现在人们的交往行动之中。

滕尼斯（Tonnies，1957）强调 Gemeinschaft 和 Gesellschaft 两种类型本身只是抽象的理性类型、极端形式，用以观察实存的社会关系类型，社会关系类型实际上是动态的，在社会时期共同体作为衰退的力量甚至也会存留。但是，他的确强调过村庄共同体是 Gemeinschaft 的突出例子（毛丹，2010）。所以，通常 Gemeinschaft 代表"旧"、自然的、同质化，而 Gesellschaft 意味着"新"、理性化、异质化、具有自我意识的个人。滕尼斯还提到 Gemeinschaft 在市镇、工作团体和宗教团体中可以达到新的水平，但城市则是它的终极敌人（Day，2006）。强调共同体的自然、有机性，并认为它代表着某种相对的稳定与同质化，的确很容易令人认为共同体属于旧的社会秩序。而工业化、城市化进程和社会异质化程度提高，显然支持了人们更多地注意两者的对立，以及非共同体关系在现代社会中的持续扩张现象，从而把社会联合体大量兴起且与共同体并存的情况理解为前者逐渐取代后者，如雷德菲尔德强调俗民社区与都市社区之间存在连续性变化，实际上就是指社区向社会的变迁是一个连续的过程。

社会学常识意义上的共同体一度主要指自然的、地域性、小型的、成员彼此熟悉、日常互动频繁、相互帮助的、有某种共同生活方式的团体，这些条件支持着作为组织、范围内的、实体内的成员相互依赖的、感情的纽带（毛丹，2010）。当代一些社会学家通常强调地域条件不再是共同体的必需要求，共同体只是"指人们共有某些东西，它把人们紧紧连在一起，而且给人们一种彼此相属的感觉"（Day，2006），即它是指这样一种社会结合团体：人们在其中互相帮助以满足需求，彼此有一些共同的利益和可以分享的文化，有一些团结纽带以维持这个团体。

就社区边界划分而言，它本身不是目的，主要目的和功能在于借此才能有效支持经济互助与情感联系（毛丹，2010）。一方面，划分社区边界通常是便于满足边界内（特别是面对面交往的）成员间的非市场经济性质的互助和交换。在历史上，虽然绝大部分的共同体主要不是以营利为取向的经济团体，但一般都具有经济功能，内部通常也存在分工和交换，只是这种分工和交换一般不是纯经济，至少不是以营利为目的的市场经济性质的。在市场经济潜入社会的情况下，市场经济因素主要在共同体之间发挥作用，可能也会在共同体内部发挥补充作用，而共同体的规则被用于弥补市场经济无法满足共同体的群集生活的那部分内容。当然，社区共同体在现代社会的命运，也由此相当程度地取决于它的成员间非市场经济性质的互助与交换是否仍然被需要，取决于这个系统与市场交换特别是社区外市场交换能否衔接、如何衔接。另一方面，社区作为小型、紧密的地方性共同体被需要，也是在情感和社会认知意义上的，鲍曼甚至把它概括为人们寻找确定性的需要（毛丹，2010）。社会学研究通常承认，面对面日常互动与非面对面互动的效果完全不同，熟悉的人群中产生的道德约束与情感联系的强度与性质也完全不同于陌生人群。对于个体而言，社区共同体边界里面对面互动的、相互熟悉的人群，不仅常常是个体认知社会的基本场域、基本情景区，而且是个体在社会中满足与否的基本定位点、基本参照对象。

刘拥华（2010）在讨论莫斯与布迪厄关于礼物交换理论的不同出发点时曾经指出，涂尔干和莫斯笔下的礼物交换所体现出来的是某种基于社会的神圣性，这种神圣性具有宗教的内涵，甚至就是前现代社会的生活宗教。这是因为，在这样的社会形态中，宗教与其他社会领域并没有得到充分的分化，生活就是宗教性的、道德性的，或者说，礼物交换就是典型的宗教和宗教仪式。我们认为，礼物交换更多的是仪式意义上的。而更为关键的是，宗教的神圣在布迪厄那里转换成了一种经由实践感所体现出来的"信念"，一种"理所当然、毋庸置疑"的状态，一种任何社会、任何机构、任何群体都需要的"实践理性"。所有这一切，又都是经过象征化的过程实现的，而这一过程最终实现的是对社会的区隔。也就是说，涂尔干、莫斯礼物交换的宗教神圣，变成了布迪厄这里的社会区隔的神圣。在行动的意涵上，对神圣概念的理解不得不回到一个中介性的概念，即习性上来。习性概念能够更充分地体现出这种神圣是如何在"内在性"、"自发性"和"无意识"的意义上实现的。上述分析已经揭示出，此类"实践知识""实践感"直接引发适合特定情境的适当行动，它们是一种内在化的行动倾向系统。这便是布迪厄的"习性"概念。这一概念在布迪厄那里最初是用来反对行为的唯智主义，尤其是理性选择和实证主义的唯物主义模式的。而基于习性概念，我们会知道人们为什么竭力回避这一结构本质，什么原因导致这一回避成为可能。首先，要意识到，象征交换经济是以某个既无意图又不计算，并且很容易进入交换游戏的社会行动者作为前提的，这与经济学的经济人相互区别。其次，这一切都是基于行动者的性情倾向，或者说习性概念。"但是，在每个行动者身上，有许多客观的和内在的社会机制，使得透露这一秘密的想法，从社会学的观点来看，是难以想象的。"（布迪厄，2003）原因在于，"是因为他们从童年起就处于这样一个世界，在那里，馈赠交换被社会建立在性情倾向和信仰里，因此而摆脱人为地使之出现的悖论"。这意味着行为完全是以意图以外的东西为原则的，换言之，后天所获得的性情倾向使行为可能而且被理解为合情合理。正是在这里，我们才会提出，"习性"或者"荣誉感"导致了对社会世界的神圣区隔，这种区隔行为是无意识的，是一种基本的对社会世界的"信念"。这样一来，神圣区隔便与象征权力关联起来。因而布迪厄笔下的行动者或者说行动，表征出来的是对社会世界的一种信念态、一种实践感和一种心神投入。进一步而言，布迪厄经由礼物试图说明的是，礼物交换所体现出来的原则是一种最为基本的区隔原则，它使你知道该做什么不该做什么。而这种"成为你之所是"，便是"道德"，否则，便会受到集体舆论的谴责。布迪厄通过"习性"、"荣誉感"以及"实践感"所要阐释的也就是这种社会区隔。毫无疑问，这种基于"信念"关系的社会区隔，是一种身体和心智行为，它超出了意识的范围，在无意识的层面发挥作用。与此同时，它亦发挥着正当化社会的功效，以无意识的形式产生对社会的认知，这便是一种"合谋"意义上的"象征权力"。这样一来，莫斯与涂尔干意义上的宗教神圣性，转换成了布迪厄意义上的经由习性与象征所实现的社会区隔的神圣性（刘拥华，2010）。

在村改居之前，凡村村民以农业生产作为主要的生产生活方式。农耕技术经济条件不仅支持家庭农业，而且导致不易分割农户家庭财产，社会通常也支持家庭作为共同消费之地。农村家庭的稳固存在不仅造成经济与社区不分离的状况，而且一般会支持邻人关系及村落共同体的形成和维持，并强化村落共同感（毛丹，2010）。这时的凡村正如上文中毛丹所说的那样，村落自然边界的划分本身不是目的，主要目的和功能在于借此才能有效支持经济互助与情感联系。村落自然边界内的人们日复一日地进行着面对面的交往，熟人社会中村民间的非市场经济性质的互助和交换更是反复上演。另外，凡村作为小型、紧密的地方性共同体被需要，主要体现在情感和社会认知意义上。对于凡村村民而言，村落共同体自然边界里面对面互动的、相互熟悉的人群，不仅常常是个体认知社会的基本场域、基本情景区，而且是个体在社会中满足与否的基本定位点、基本参照对象。

在村改居之后，传统村落的自然边界被瞬间打破，与之相伴随的是，村落共同体古往今来一直存在的自然的、地域性、小型的、成员彼此熟悉、日常互动频繁、相互帮助的、有某种共同生活方式的群体归属也瞬间消亡，由这些条件或特征支持着的作为组织、范围内的、实体内的成员相互依赖的、感情的纽带瞬间断裂。社会学家们通常强调的"把人们紧紧连在一起，而且给人们一种彼此相属的感觉的人们共有的某些东西"也消失不见（Day，2006）。

在村改居之后，对于凡村村民来说，无论是在对村落边界的认知、对生产和生活方式变化的实践、对村落共同体的归属感上还是在对自身的身份认同上，都存在一种被瞬间割离开了的感受，无论这种割离是自愿的还是被强迫的，它都切切实实地发生了。与之相伴随的，必然就是对自身生活"习性"的主观割裂，并具体表现在外部行动之上。与"习性"的割离相关的就是对自身人际交往方式和人际关系变化的感知以及基于此种感知所做出的相应的行动。

对于村落传统规范如何形塑和约束村落中人们的社会行动而言，需要区分两种不同的方式。一是管理传统对社会行动的形塑和约束。在一些社会情境中，个体会认识到，如果他们没有按照其所归属共同体的关涉历史认同的基本具体实践规范或者其他人的正当期望来行动的话，就会面临受到该群体排挤的威胁。在村落社会中这种管理传统发挥作用的具体方式就是村落中的舆论与闲话。二是意义建构传统对社会行动的形塑和约束。个体出生在一个在其出生前很久就已经存在的世界，在这个世界中，社会文化传统并不是由该个体创建的，而是需要其去适应的。在个体出生伊始就拥有了其不得不接受的身份，以及为了适应该身份而达成的实践与认同。

在凡村村改居之后，不仅在一些外在环境（如村落自然边界的模糊化、日益频繁的人口流动以及与陌生人的相处）上发生了变化，而且在更为主观的感受（如对村落边界的认知、对生产和生活方式变化的实践、对村落共同体的归属感）上也发生了变化。伴随着这种变化发生的是，凡村村民对自身的身份认同、对自身人际交往方式和人际关系变化的感知以及基于此种感知所做出的相应的行动的变化，这种变化的发生打破了传统村落中管理传统（通过村落舆论和闲话）和意义建构传统（通过身份认同和依照此身份认同做出的相应的行动）对人们社会行动的形塑和约束，这种村落传统形塑和约束意义的消失使村落中的人们反过来进一步加深了自己对身份认同转变的认知并按照此认知做出相符的行动。

在此，需要提及的一点是，具有外部控制功能的村落舆论和闲话的作用以及具有内部控制功能的人们的自我身份认同都发生了变化，人们对待传统人际关系和人际交往的态度也发生了相应的改变。一方面，人们或者自愿或者被迫地进入了并接受了，甚至习惯了和喜欢上了个体化的生活方式，并在其日常生活中表现出明显的具有个体化倾向的态度和行为；另一方面，在面对曾经习以为常的村落人际交往方式——尤其是当这种交往方式还没有长时间远离人们生活——的时候，人们的态度和行为之间的矛盾就表现为一种在态度中体现的个体认知与在行动中体现的传统村落文化惯性延续之间的矛盾。

凡村人际关系变迁：
从守望互助到个体化

第七章　重建传统人际关系？

现在的人真是太"独"了！

现在的人真是越来越"独"了！

这是凡村人对周围人生存状态和交往关系的形容与评价。那么，这个"独"字所代表的含义是什么？我们又该怎么理解在用这个字来形容自己和周围人生存状态与交往关系时凡村人所表现出来的一丝丝无奈呢？以下是从访谈资料中提炼出来的有关"独"字所代表的含义的问答。

问：您是指孤独吗？

答：不是，就是每个人都只关心自己。

问：您是指自私吗？

答：不完全是，现在的人都自私，无可厚非，不是有一句话叫"人为财死，鸟为食亡"嘛。

问：您是指贪婪吗？

答：不是，每个人都有追求过好日子和幸福的权利。

问：那您所说的"独"是什么意思？

答1：就是只想自己待着，不想也不爱与人过多地交往，最好是谁也甭搭理谁，我喜欢做什么就做什么，谁也别来管我。

答2：就是大家都想在一起玩儿的时候就凑在一起玩玩儿，不想在一起玩儿的时候就都别打连连。

答3：就是现代社会谁也不能相信谁，谁也无法相信谁，凡事靠自己解决最踏实。

答4：人，主要是找自己的感觉，东想西想、考虑完这个又考虑那个来难为自己没什么意思。

问：不是"低头不见抬头见"吗？怎么能什么都不考虑？

答：现在谁管谁啊，过好自己的日子就完了。再说"人嘴两层皮"，谁爱说啥谁就说去呗，只当没听见，反正谁也用不上谁。你要是真困难了谁管你？！没人管你！谁能白给你一分钱？！

为了更好地理解"独"字的含义，笔者在百度字典上查了一下字义，"独"字可以做以下释义。第一，作名词，指无子孙的老人、无丈夫的妇女、姓。第二，作动词，指专断，如"独裁"。第三，作副词，指独自、唯独，如"独占"。第四，作形容词，《说文》中这样提出：独，犬相得而斗也。羊为群，犬为独也。段玉裁注：犬好斗，好斗则独而不群。因此作形容词用的"独"是指单独、单一或者性格孤僻、不合群。

无疑，在凡村这里的地方性语义中，"独"所采用的是其形容词释义。但是，这个字所表达的内容与含义则相较于字典上的解释更为宽泛和丰富。这里的"独"是指在物理身体上的"独自"、思想精神上的"独立"，同时也指无论是在物理身体上还是在思想精神上都希望摆脱周围人的舆论与闲话等村落传统规范的束缚，而能够按照自己的意愿去做自己想做的事，实现自己的目标与价值。不仅如此，这种对周围人意见和态度的置之不理或者说消极反抗似乎更像是源于一种在面对未来的风险与不确定性时没有任何依靠、无人可以依赖的感觉，因而需要一种自我封闭和自我保护。

贝克认为，Individual 指称生物学意义上单一的、不可分割的个体；Individuation 指称心理学意义上的逐渐变为具有自主人格的个体；Individualization 则是在社会学意义上的表述方式（Beck & Beck-Gernsheim，2002）。个体化的概念主要在以下两个层面上展开讨论：一是描述社会制度的结构转型；二是阐明个体与社会之间的关系。在已经步入现代化的社会中，人们之间的相互交往和共同体的存在不再依赖于牢固确立的传统。现代社会的基本制度趋向于个体而非群体，人们关注自我权利的实现，个体化破坏了人类共存的既定基础。因此，为个体化下一个简单的定义，就是个体化意味着没有"再入嵌"（reembedding）过程的"抽离"（disembedding）过程。阎云翔认为个体化的最基本含义可以理解为：个体个性受到重视，个体权利得到承认、得以张扬（阎云翔，2009）。

在个体化议题中有三个关键的特征是特别值得关注的（Howard，2007）。

第一个特征，也是最为重要的特征，被吉登斯称为去传统化，或者贝克所指称的抽离过程。正如上文所说，个体越来越从外部的社会控制中抽离出来，这种外部控制不仅包括普遍意义上的文化传统，还包括一些特定的类别，如家庭、亲属、社区和社会阶级/阶层。作为结果，社会变得进一步分化和多样化。这里不是说传统消失，而是指传统的神圣意义以及其对个体的决定命运似的束缚已经不存在了。在西方，个体化从几个方面将人们从传统角色与束缚中解放出来。一是个体从以地位为基础的阶级中解放出来，社会阶级被去传统化了，可以从家庭结构、居住条件、休闲活动、人口的地域分配等诸多方面看到这种变化的发生。二是女性从传统家庭角色与丈夫的支助中解放出来，家庭结构在个体化的过程中发生变化，家庭多元关系在一种新的协商过程中产生。三是工作的陈旧方式由于工作时间、工作地点的灵活性而发生改变。个体化理论认为曾经限制个体生活的传统社会关系（如家庭、邻里）与价值观系统已经失去了大部分传统意涵与限制作用。个体从传统的束缚中解放出来，形塑个体生活与个体间关系的新的可能性就出现了。贝克认为这种新的可能性意味着个体对自己生活轨迹的设计和实现的寻求（seek to design lives of their own）。贝克进一步认为传统意义的逐步丧失激发了西方背景中"个体自我实现与自我成就的道德"变成流行的价值观（Kemp，2004）。

　　第二个特征是一个矛盾的现象，鲍曼将其称为"强制的和受约束的自我决定"（Bauman，2000b）。这意味着现代社会结构迫使人们变成有创造性的、主动的和自我决定的个体，他们必须为他们自己的麻烦承担全部的责任，并且发展一个反思性的自我（Giddens，1991）。这通过一组新的社会制度达成，如教育系统、劳动力市场和国家的规章制度。通过移除这样一种选择，即从前对传统、家庭或者社区的保护的寻求，现代社会制度对个体的影响实际是增加了的。这是个体化议题从新自由模型的陈述中分离出来的关键点。

　　第三个特征是"通过服从获得的个体自我生活"（Beck & Beck-Gernsheim，2002）。这意味着促进个体的选择、自由和个体性并不必然导致每个个体的独特性。相反，因为对社会制度的依赖决定了当代的个体不能自由地去寻求和建构一个独特的自我，必须通过各种规章来建构自身的生命轨迹，因此他们以一种个体服从的方式完成自己的生命历程。

　　继西方学者对西方社会的研究之后，一些国内外的社会学家开始将目光聚焦在中国的社会转型上。尽管许多学者在讨论中国的社会转型特征时都或多或少地关涉到了个体化的相关议题，但是明确提出中国个体化这一社会现象已经出现的是阎云翔。

　　阎云翔（2016，2021）认为在中国现代化的过程中，一个重要的转变发生了，即不仅一些精英或者有能力的个体，而且普通人也获得了流动的合法性和机会，在向社会群体和国家发起的制度之外寻求改变。尽管因为各种各样的社会和个人的理由，不可能所有的个体都能从流动的新机会中获益，但是参与了流动的个体反过来重新塑造了他们与社会群体和制度的关系，促进了他们自己和社会群体、制度的转变。在普通人流动的合法性和机会逐渐增加的过程中，一种构成社会结构个体化的社会性新类型出现了，这种"新社会性"是指作为个体——而不是作为家庭或者其他社会群体的代表——的个体间社会互动。新社会性的一个特征是在一个商业化的公共空间中以消费为基础的社会互动，另一个特征是个体之间的朋友关系，即那些甚至在婚后也将自己作为个体来认知和行动的人。以上两个特征的出现不仅摧毁了将个体限定在既定群体中的集体边界，还确立了将个体作为社会生活中的独立单位的认知。

　　随着社会规模和地域范围上的流动的增加，更多的个体发现他们在公共生活中与其他不相关的或者是完全陌生的个体进行互动，而同时群体认同和群体成员的身份对于个体认同来说成为第二位的因素。尽管社会不平等和不公正仍然存在，但是流动的增加改变了之前在个体、群体和制度之间的结构关系的平衡，社会中的个体拥有了更高的权重。作为重要且独立的社会主体，个体开始有了以下两个重要的转变：一是个体开始将自己与一系列权利联系起来，因此扩展了个体作为社会群体的一部分的传统定义；二是大部分个体将他们的个体权利视为通过他们的努力工作获得的，而不是一出生就拥有的。

　　阎云翔在考察中国的个体化过程时，主要关注了日益增加的社会流动对个体化的作用，这无疑是与中国大范围内的城市化进程相契合的。但是，同样不应该忽视的是，在传统色彩更加浓厚的中国乡村，个体化是不是真实地发生了？关于这一问题，阎云翔认为，在中国的乡村，个体化确确实实地发生了。他进一步对这一社会现象的出现进行解释，是社会流动大规模和大范围的增加推动了个体化的发生，在一些乡村中，虽然并不是每个人都参与了社会流动，但是参与了社会流动的个体反过来重新塑造了他们与社会群体和制度的关系，促进了他们自己和社会群体、制度的转变。这种解释似乎过于笼统。现实情况是，在乡村个体化过程中，个体与原来其归属的群体（家庭、村落等）之间的联系愈加松散，个体所归属的群体对个体的影响和控制程度减弱，个体更加关注自我权利与情感的表达，更加重视和尊重自我个性的张扬。但是，并非所有的中国乡村都有大规模的社会流动（包括外流和内流）发生，并且即使在乡村内出现社会流动的状况，参与社会流动的人反过来对乡村文化及他们与社会群体之间关系的影响也是值得怀疑的。相反，应该考虑到的是，用一些特别个人的行为来代替其他因素（如个体-群体-国家关系的结构性安排）进行解释很可能是不正确的，因为这些人尽管可能改变了特定个体的生活机会或地位，但并没有改变整体结构，而且更加通常的情况是，那些获得了更好的生活机会和更优越的生活条件的人将会加强既存结构，因为这样他们才能作为社会群体的榜样来享受成功的喜悦。关于乡村个体化的发生，需要将其放置在更加完整的乡村背景下，来考察诱发其产生的各种社会条件。

在针对个体化进行的实证研究中，许多学者倾向于用明确的测量指标来反映人们的思想和行为。第一个对个体主义与集体主义进行经验研究的是霍夫斯坦德（Hofstede，1980），他对来自53个国家的微软公司的员工进行了问卷调查，并根据不同的文化进行了因子分析，霍夫斯坦德将得出的两个因子命名为个体主义和集体主义，并认为这两个因子是处于对立的两极上的。霍夫斯坦德的研究结论后来被川迪斯（Triandis，1972）针对古希腊与美国的文化比较研究所证实。对于这一问题进一步的研究是由惠和川迪斯共同完成的，他们询问了世界上不同地区的社会科学学者对于个体主义和集体主义意涵的思考，分别发展出了在个体层面上和在文化层面上对个体主义和集体主义进行测量的量表（转引自Triandis，1988）。区分集体主义与个体主义的一个特征是，在集体主义文化中，自我作为集体——家庭、宗族、工作团体、宗教团体、政党、地域或者其他一切可以被看作一个整体的群体——的一部分。相反地，在个体主义文化中，对于自我的定义则与具体的集体没有关系。区分集体主义和个体主义的另外一个特征是个体的目标与集体的关系，在集体主义文化中，个体需要做其所在的集体期望和要求他做的事，很少会违背集体的意志，当个体目标与集体目标发生冲突时，将集体目标的完成放在首位。而在个体主义文化中，情况则相反。杰弗兰德和川迪斯（Gelfand and Triandis，1996）采用了多维度量表方法对个体主义、集体主义进行了测量，在对这两个概念进行操作化的过程中，分别在每个概念下衍生出五个可测量的指标。与个体主义相对应的五个指标分别是选择个人目标（choosing own goals）、享受生活（enjoying life）、超脱于外界（detachment）、追求享乐（pleasure）、开阔的视野（broadminded）。与集体主义相对应的五个指标分别是家庭安全（family security）、敬畏父母和老人（honouring parents and elders）、自我约束（self-discipline）、崇尚互惠（reciprocate favours）、遵循传统（respect for tradition）。

杜博斯和比奥沃斯（Dubois & Beauvois，2005）对之前的有关个体主义概念的经典操作化进行了总结，并在此基础上将个体化的概念操作化为五个方面，分别是：（1）对个体目标的追求（primacy of individual goals over collective goals）；（2）自我需要的满足（self-sufficiency），这个维度是指个体了解自己生活的目标，并且努力去找寻可以实现自身目标与期望的手段；（3）内在性（internality），这个维度是指个体在解释自己所做的行为以及自己发生的经历时，将自己作为解释的中心；（4）个体定位（individual anchoring），这个维度指的是个体在根据自身的目标和需要做出各种决定时主要基于自己的信仰和态度而很少考虑到其他人的意见；（5）契约性（contractuality），这个维度指的是在个体之间的交往过程中，体现的更多是一种契约性的而非情感性的关系。

在凡村人日常生活交往的观念和行为中，个体化确实发生了。这一在中国广袤的农村大地上发生的事实同样被其他学者的研究所证实。半个多世纪以前，许烺光指出，传统中国的个人、家庭、亲缘关系、文化，通通都在"祖先的阴影之下"（转引自阎云翔，2006）。这种说法今天需要被整个翻转过来。上文中所表述的"独"，即人与人之间交往的观念与行为的个体化趋势表现得越来越明显，在村改居之后的凡村，这是一种真实的生活状态，这样的表现比比皆是。

在中国，对个体化相关现象的研究已经进行了二十几年，但是将个体化这一概念明确提出是最近几年的事。尽管对这一概念的西方语义曾经有人做了较为系统的阐述，但是似乎一直未能提出一个更富本土意涵的对应

概念。在上文中对代表中国本土语义和西方语义的两个概念，即"独"和
"个体化"分别进行了阐述，那么，将这两个概念加以比较，则可以进一步
明确其各自包含的含义，并指明这两个概念在何种含义上可以通用，即在
何种含义上"独"可以作为个体化一词的本土语义映射。

　　总结以上有关"独"的含义描述以及对个体化的理论解释和论述，对
于"独"与个体化所包含的相同含义可以这样理解：第一，个体的重要性
逐渐增强，相对于群体利益，个体权利得到承认、得以张扬；第二，个体
从传统的交往关系中逐渐抽离出来，这种传统的交往关系包括个体所属之
传统群体内的交往关系，也包括个体所属之传统群体内人际交往的"约定
俗成"；第三，个体个性不仅受到自我意识和自我重视，而且得到个体所属
群体内其他成员的认可和尊重；第四，人际交往中个体化态度与行为的表
现是在面对未知风险与不确定性时的一种自我保护与依赖。

　　而中国语义下的"独"与西方语义下的"个体化"两个概念所隐含的不
同之处主要在于以下两个方面。第一，在西方，抽离主要是指这样一种改变，
即社会群体不再限定个体认同，个体从之前控制性的社会类属中脱离出来，
并通过制度机制重塑自我，这些制度机制包括教育、经历和生活方式。这种
抽离发生在生命策略、生活方式的日常策略和个体身份的层面上（Giddens，
1991），也就是说，这种抽离主要是为了寻求真实的自我。相反，中国的情况
是，抽离主要是通过解放政策，即生活机会和社会地位的日常政策来彰显自
己。个体努力实践由自己决定的生命历程的首要目的是提高生活标准和社会
地位。个体身份是重要的，但是之所以重要是因为它影响了一个人的生活机
会，身份认同更多地与个体权利的诉求和个体−群体−制度关系的再定义相关
联，而不是为了寻求自我（阎云翔，2006）。第二，文化民主和福利国家体制
的存在或缺失是西方与中国的第二个区别。在西方，个体化过程依赖于文化
民主以及国家完善的福利制度的支撑，而这些社会条件在中国并不存在。在
中国的个体化进程中给予个体更多的流动性、选择和自由，但是国家所提供
的制度保护和支持还远远不够。为了寻求新的安全网，中国个体不得不重新
寻求家庭和个体关系。

　　但是这种差异的存在主要是针对个体化现象所产生的不同社会背景，
以及在新的个体化社会中，个体对自我保障寻求的依赖手段的不同而言
的。在相同的基本含义上，"独"可以作为个体化的中国释义，也正是在

这种基本含义上，我们可以用个体化一词来指称中国所产生的"独"的社会现象。

第一节　凡村个体化的特征与表现

社会变革使传统村落中的年青一代第一次面对与其父辈不一样的社会，从而出现了代际价值观念上的差异。不仅如此，一代人中的每个成员都经历了伴随着其生物学年龄的增长所体验的新社会环境，或者正如曼海姆所言，"任何生物个体都要在社会事件中经历"（Mannheim，1952；斯瓦德、袁浩，2010）。每个身处社会变革中的人都会出现价值观念上的转变，这不仅在年青一代中显现出来，在年老一代中同样也可以被发现。但是，因为年青一代与年老一代面对不同的社会环境以及不同的社会压力和个人困扰，同时，受到家庭环境、外部媒介等因素的影响，加之自身更高的受教育程度和对外部事物的更加开放和包容的心态，年青一代和年老一代在代际价值观念上呈现差异。

参考了克里斯托弗·斯瓦德和袁浩（2010）所做的不同传统价值观念在代际的比较，本书尝试在凡村做了相似内容和问题的访谈。第一，家庭价值观（family values）。年轻人认为：

> 首先，最重要的是我喜欢并且可以在其中获得成就感的事业；其次，家庭，因为家庭可以给人带来快乐和幸福的感觉，我很重视家庭；最后，我关注的是怎样使自己更加快乐，这就需要结交朋友并经常和朋友进行沟通。

老年人认为：

> 在我的观念中，家庭是最重要的。中国人总是将家庭和睦放在首位，如果你没有一个和睦的家庭是很让人可怜的，即便你可能有一份出色的工作或者赚了很多的钱。

第二，孝道（filial piety）。老年人给传统孝道关系赋予了很高的价值，并试图将这一价值观传递到年青一代中去。年轻人在考虑哪些价值原则在引导其生活时几乎没人提及孝道，这似乎意味着在年青一代中尊重长者的价值观正在消退。第三，工作和职业生涯（work and career）。无论是老年人还是年轻人，被访者都认为努力工作是一种很重要的品质，但是在老年人和年轻人对工作的观念中还是表现出了差异，老年人更多地将工作等同于生活，或者将工作视为一种责任，而年轻人则将工作视为赚取更多金钱或者获得个人成就的一种职业。第四，节俭（thrift）。老年人的生活习惯如：

> 我经常将洗衣服的水存下来冲马桶，我家里还有很多废报纸和饮料瓶，我都要积攒下来卖掉。无论人怎样富有，节俭都是一项应该传承的美德。

年轻人则认为：

> 钱是挣来的，不是省下来的。吃不穷，穿不穷，算计不到受大穷。我挣来了钱，为什么不花，为什么不享受呢？我消费了才是我的钱，存起来的那是中国人民银行的钱。我挣了多少钱就应该享受我挣多少钱的生活。

第五，物质主义（materialism）。老年人不太重视吃穿用的物质精致，不要求有更多的钱。年轻人却觉得：

> 我花多少钱取决于我挣多少钱，我认为不需要攒钱。例如，如果我想去哪里玩，那就去好了，如果我能支付这个花费，为什么不去呢？另外我参加工作，周围的同事每天都聊吃什么了，穿什么了，去哪玩了，我什么都不知道那不是丢人嘛。

第六，个体主义（individualism）。老年人对个体与集体的态度是：

> 过去我们是无私的，我们这一代人都是这样做的，我们接受了同样的教育并做着同样的事，我们不考虑自己的得失，我们考虑的是怎

样将工作做得更好。现在的年轻人越来越关注自己，却越来越少地考虑到对社会的责任。

年轻人则更重视个人成就和自我以及对子女独立性的教育。

> 我经常告诉我自己的孩子怎样做到与众不同，如果十个人中有九个人都举手了，你就不要举手了。但是，如果老师希望有学生回答他的问题，而十个人中没有人举手，那么无论你是否知道问题的正确答案，你都要举手。

第七，无私（selflessness）。多数年轻人的观念中不再有老年人那样的为社会奉献青春、奉献自己的热诚，相反许多年轻人觉得那是傻瓜才会去做的事。

> 因为现在的社会都是自己管自己，你出事了都没人管你，你为什么要管别人？

第八，子女抚养（childrearing）。老年人与年轻人希望传递给下一代的价值观念是不同的。老年人希望给予孩子更多的管教，希望孩子能够学会服从和与周围人融洽相处。年轻人则更愿意孩子自由发展，希望孩子对人和事有更加开放的心态。

> 当我的孩子长大了，我希望他能够渐渐了解，他生活在一个他不得不过着更加艰辛和富有竞争性的生活的时代中，只有独立才能做出成就和活出自我，同样，也要学会在合适的时间里享受自己的生活。

前面在老年人和年轻人之间出现的代际价值观念的差异，是一种在年轻人中间被认为是从财富中生长出来的"后唯物主义"（post-materialist）价值观的出现（Inglehart，1990），或者说是产生了一种趋向于物质主义、利己主义和享乐主义，被 Wang（2002）称为"后共产主义个性"（post-communist personality）的趋势，或者是阎云翔所说的无公德的个人。

阎云翔（2006）在其《私人生活的变革》一书中谈及在下岬村的私人生活中个体逐渐兴起，但是这种个体的兴起带来的是一种"无公德的个人"的产生。他指出，在处理彩礼、嫁妆之外的家庭事务中，比如在住房安排与赡养老人上，年青一代在一心追求自己的利益时就很少顾及长辈的利益；对浪漫爱情与夫妻亲密关系的重视符合的是个人而不是家庭的利益；传统家庭观念强调子女与父母之间的感情维系以及个人为家庭利益做出牺牲，而以个人为中心的情感的发展以及个人欲望的合理化与传统观念发生了冲突。以上这些现象令人怀疑年青一代对个人权利的重视以及对个人义务的忽视是一种不全面也不平衡发展的个性，是一种极端形式的自我中心观念。正是这种观念使青年人理直气壮地抛开所有的社会责任与对他人的尊重，使个人极端自我中心。阎云翔认为，这种自我中心的无公德的个人在很大程度上正是国家所推行的家庭革命的产物，社会主义国家是实现农民主体性以及高度自我中心的个人之崛起的主要推动者。通过集体化与"大跃进"，国家试图推动集体主义，从而使农民将其忠诚的对象从家庭转移到集体，最终到国家那里，因此，国家就必须消解旧的社会等级与家庭结构，将农民从家庭忠诚的成员变为原子化的公民。国家用对社会主义集体的忠诚来取代了对家庭的忠诚，用集体主义取代了家庭至上，这样，国家就为个人的发展开辟和创造了新的社会空间和社会条件，而家庭与亲缘关系之外的社会空间对于个人主观世界的丰富与个性发展至关重要。20 世纪 80 年代初以来，国家对私人生活的控制逐步减弱，市场经济的价值观、商品生产的方式，以及全球性的消费文化等，成为推动社会变化特别是家庭变迁的主导力量，使中国家庭的发展趋势与西方日益接近。换句话说，在残存的传统文化与激进社会主义以及国际资本主义的交换作用之下，农民中出现了一种极端实用的个人主义。在一种失衡的权利义务观下，自我主义出现在人与人的交往之中，个体以自我利益为中心，甚至可以通过牺牲他人利益来谋取自身的利益（吴理财、王俊，2020）。

在下岬村出现的这种无公德的个人的现象是不是在其他地方也同样存在？如果按照阎云翔的分析，这是集体化时代国家对本土道德世界予以社会主义改造以及非集体化之后商品生产与消费主义的冲击共同作用的结果，那么，可以推知的结论就是，在中国大地的村落范围内这种无公德的个人正在兴起。在村改居之后的凡村，个体化现象确实是快速而清晰地显现了，但是个体是否同时出现了不全面和不均衡的个性则是一个值得怀疑和探讨的问题。在访谈中，谈及会如何评价自己身边的人这样一个笼统的话题时，不同的被访者给出了不同的答案。

> 现在的人都是为了自己着想，都看自己有没有利益才去跟人交往，自己占了便宜就好。（被访者 LDY，2011 年 7 月于被访者家中）

> 现在的人不能说是变好了还是变坏了，而是心眼儿都长多了，不像以前那么好处了。我觉得现在不敢特别相信别人了，有可能别人跟我说的话都没有多少真实度，我也不敢把自己的所有信息坦诚地向对方倾诉，就是很害怕、很怀疑。（被访者 ZSH，2011 年 9 月于被访者家中）

> 现在就是环境造就了人，现在你每走一步到处都是陷阱，你不知道你哪只脚迈出后就掉进了陷阱里面，你也不知道什么时候就被人骗了，所以现在的人都不太轻易地接受别人，都把自己保护起来了。（被访者 WB，2011 年 8 月于被访者家中）

> 这个社会其实还是好人多，但是现在好人都把自己的好心藏起来了，因为不敢滥发好心，害怕上当受骗啊。就像前段时间我看新闻，就在马路上扶起一个摔倒的老太太，被人家讹了好几万元，这以后谁还敢救人啊。（被访者 BDL，2011 年 7 月于被访者家中）

> 我觉得还是现在的人比以前的人好，以前偷鸡摸狗的人特别多，现在大家经济条件都上去了，谁也不会因为那一点小钱鸡声鹅斗的。（被访者 ZGH，2011 年 9 月于被访者家中）

这些不同的答案归结起来包括以下几个方面，一种观点认为在现代社会人与人之间的交往中确实出现了一种自私自利的倾向，是否获得利益是人际交往的重要考虑因素，这里的利益就是指金钱。另一种观点没有对周围人在人际交往中的态度和行为进行直接评价，因为这些被访者对周围人充满了怀疑，在这种由怀疑带来的恐惧下，将自己孤立起来实现自我保护与自我依赖。还有一种观点认为在现代社会，人还是好的，是善良的，是有公德心的，但是因为诸多外界环境和制度因素，这种善良和公德心还需要慎重地加以考虑才会付诸行动。

不仅是在上面由被访者给出的答案中，在与其他凡村人更加随意的聊天和观察中也可以发现他们身上所体现出来的矛盾，具体表现为：一种对自己周围人冷漠，对陌生人的遭遇却怀揣着心理和情感上的回应，如看到新闻上可怜的人和事会掉眼泪，在街上看到乞讨的人却不相信；一种在精神上的无限支持和在物质支援上的吝啬，如在聊天时对周围正在经历某种悲惨遭遇的人的同情、怜悯和唏嘘感叹，但是不会有人确实伸出援助之手，因为他们没有对当自己遭受这种困扰和磨难时别人也会同样提供帮助的未来预期。一种对周围人的不信任，一种感情与行为上的矛盾，如相信周围还是好人多而在实际做事的时候不想也不敢依赖任何人的矛盾，又如认为自己是好人，但是当被问及是否会帮助别人时又选择不会，至少是很犹豫。这样的矛盾如此之多又显而易见。尽管存在如此多的矛盾，却不能将之笼统地归为一种无公德的个人的体现，更不能由此就认定中国的个体化现象的发生会必然地导致无公德的个人的出现。这些矛盾的存在更似一种伴随着从传统和熟人社会中脱离而产生的信任危机。

传统既是一种历史、文化与价值，也是一种存在的家园和依赖，它带给人的是存在的依托和精神的安慰。在循环反复进行的日常生活过程中，传统所提供的那些交往价值与行为规范，给人的感觉是那么熟悉亲近和有效可信。传统的交往价值与行为规范要求在传统生活中令人们在情感上敬畏仰慕，转化为内心信念与信仰并体现于行动之中。正是在这一种传统中，人们获得了某种存在的安全感。现在，人们从传统中脱离，原先赖以安身立命的交往价值与行为规范突然发生了断裂，生命处于无根基的悬浮空虚的状态。随着日常生活世界变革进程的深入，人们在感觉到前所未有的自由的同时，突然感觉到过去所熟悉的那一套生活交往方式与规范法则不再有效，不再可以依赖并做出合理预期，过去可以依赖的一切正在迅速隐退乃至消失；突然发现个人必须独立地面对新的正在变化的日常生活世界，必须对自己日常生活世界中的命运负起全部责任。自由与责任、独立与孤独，矛盾地编织在一起。这就如同吉登斯（Giddens，1991）所努力揭示的，现代社会是一个生活范型发生根本变迁的社会，传统与习惯在剧烈荡涤中被冲刷销蚀，原有作为信任基础的安全感赖以存在的基础已经改变。个人所面对的社会风险性突然增大，人们在这突然变化之下反思自己的存在及其交往方式，反思既有的价值观念与行为规范系统的合理性，此时，社会日常生活中就会升腾弥漫起一股信任危机之雾瘴（高兆明，2002）。

阎云翔（2016）在关注到现代社会中所生发的新社会性时也提到，随着社会规模和地域范围上的流动的增加，更多的个体发现他们在公共生活中与其他不相关的或者完全是陌生人的个体互动，而同时集体认同和群体成员的身份对于个体认同来说成为第二位的因素，怎样与其他陌生人进行个体之间的互动成为个体化社会的特征。除了新社会性的产生，不相关个体之间互动性的增强也将中国社会流行的道德价值观和信任个体化了。当个体从属于各种各样不同的社会群体时，他们依赖于那些仅仅反映了自己社会关系的个体信任模式，这些社会关系包括从家庭、亲属、社区到更加广泛但持续存在的朋友关系。个体之间的信任来自与同一群体内的人的长期互动，因此这是基于低流动性和社会互动的范围内的。在这样一个熟人社会中，道德标准由互动个体之间的社会距离决定，陌生人被认为是潜在的敌人，因此是不值得信任的。相反，在一个高流动性和开放的社会中，大部分社会互动发生在没有特殊关系的个体之间，在许多情况下，人们并不期望在未来与对方发生再次交往。在这样一个陌生人的社会中，社会信任比人际信任更加重要，道德基于普遍的价值观。从人际信任到社会信任的扩展提供了形成现代经济和社会的关键机制（Giddens，1990）。在当前的中国社会，个体正在经历一场从传统中抽离的转型，在远离私人领域的范围内，个体并不是转变为无公德的个人，而是在人际信任已经丧失，社会信任还没有建立，甚至在当前的社会环境中社会信任还很难建立的情况下，前述在人们的态度和行为中所体现的一系列矛盾正是信任缺失的一种外在表现。当中国变得越来越趋向于一个更加开放、更加现代和具有更高流动性的社会时，如何帮助那些已经从传统的人际信任中脱离的个体建立社会信任就变成了一个急迫的道德和社会议题。

第二节　传统人际关系重建的意义与可能性

国内许多学者不约而同地关注到在中国农村发生的个体化过程带来的风险（王春光，2013；张良，2013，2017；刑朝国，2017；吴理财，2014；吴理财、王俊，2020；王红云，2022）。个体化理论的一个核心意涵是既有社会形式的解体，比如阶级、社会地位、性别角色、家庭、邻里等，使标准化人生、参照图式和角色模式崩溃，人生成了"选择性人生"或"自主人生"（贝克等，2011，转引自刑朝国，2017）。在乡村社会发生的个体化，一方面，让农民在一定程度上摆脱了对土地、对家族、对传统文化规制的依附性，让农民拥有了私人领域的自由和权利，激发了农民个体的独立性和主动性，有更多的个体选择和更广阔的生存与发展空间；另一方面，也让传统村落中守望互助的人际关系和信任不再发挥承托风险的作用，农民丧失了原来村落共同体所具有的归属感和安全感。农民为了自己生活，同时也依靠自己生活。个体化的社会提供了一种"自我决策"和"自我负责"的语境，当出现任何风险和问题时也必然被归于个体层面，由个体承担相应后果。不仅如此，张良（2013）指出，乡村社会个体化是农民从传统时代到集体化时代再到市场经济时代不断脱嵌、祛魅和再次嵌入的过程，在这一过程中农民的信仰世界容易出现迷茫与混乱。与此同时，农民精神信仰的缺失还与农民的权利边界意识模糊相关，个体化的农民已经无法正确界定形成个人与个人、个人与群体、个人与社会之间的权利边界。

如何化解个体化风险，不同学者给出了不同的解释。有学者提出一种完全接受个体化社会的现状，并在个体脱离传统关系之后为其重建社会风险承担机制的主张，即将农民完全彻底地从传统村落共同体及与之相关联的地方性规范中解放出来，代之以完善的福利保障制度来承托农民的个体化风险。这个过程需要通过一系列相关制度改革来完成，例如，通过发展劳动密集型产业，鼓励农民进城打工就业；通过户籍制度改革，降低农民进城生活定居的制度门槛和成本；完善土地流转制度，在有条件的区域发展规模化和现代机械化农业，甚至通过明确土地产权，使农民摆脱土地束缚进入城市；进一步建立和完善福利保障制度，由政府福利保障相关部门为农民进城后发生的各种个体化风险承担兜底责任。

　　有学者则提出另一种完全不同的主张，认为需要通过国家和政府力量重建乡村生活共同体，让农民重回传统人际关系的怀抱。就像鲍曼（2007）在《共同体》一书中所说，"共同体是一个'温馨'的地方，一个温暖而又舒适的场所，它就像是一个家，在它的下面，可以遮风避雨"；"在共同体中，我们能够互相依靠对方，如果我们跌倒了，其他人会帮助我们重新站立起来"。主张重建乡村生活共同体的学者提出几个重点建设维度（张良，2013），首先，需要重建乡村公共服务体系，以全面完善的公共服务帮助农民重建归属感与安全感。在传统社会中，建立在血缘、地缘关系基础上的农村基层共同体为农民提供了水利、耕作、治安、防伪、祭祀、信仰以及娱乐等支持和保障，由此获得了人们的认同和信任；在集体化时代，社员的生产、生活、教育、医疗、卫生和安全等也都是依赖集体租住，因此形成了社员对于集体的服从与认同（项继权，2009）。只有全面完善的公共服务体系才能为农民提供庇护，也才能让农民依附。其次，需要重建乡村文化体系，重建农民精神世界和意义世界。乡村文化体系建设要从价值信仰、道德伦理和公共文化生活三个层面着手，建立农民文化价值的主体性和文化自信心，为漂泊无着的个体提供回得去的富有人情味和生活意义的家。最后，需要重建集体组织的权威性，建立强有力的乡村基层组织体系以抑制极端的个人主义。在完全个体化与完全集体化的谱系中找到一个能够由乡村基层组织进行平衡的稳定选择。

　　或许，还有一条中间道路，即一方面确认个体化是一个不可逆转的趋势，政府需要通过各种政策的改革和进一步完善来建立托底机制，如就业、教育、医疗、公共服务等福利性制度以应对各种可能发生的风险；另一方面尝试重建亲密有归属感的人际关系网络，但是传统乡村生活共同体以及传统乡村人际关系已经成为镜花水月，成为一条不可归之路，需要在现实背景下重新考虑新型共同体的构建机制。在实际的乡村生活中，已经有一些村落开始有意识地进行尝试。例如，湖南省秭归县从2012年下半年开始推行的"幸福村落"建设，就是当地政府在村落社区引入一套自治、参与和合作机制，通过村落理事会组织和"一长八员"（村落理事会由村落理事长和理事组成，理事包括经济员、宣传员、帮扶员、调解员、维权员、管护员、环保员、张罗员）的制度设计，激发村落社区居民的公共行动，在公共行动中孕育、产生村落社区的公共性，最终实现村落公共产品的自我生产或自我供给（吴理财，2014）。在这一过程中，多元、差异和矛盾的诸多具有主体性的个体，在进行参与的互动过程中，实现村落的凝聚力和归属感。

就凡村而言，中间道路也许是唯一选择。村改居之后，凡村村民从原来的地缘、血缘、亲缘和姻缘关系中抽离，更多地依赖学缘、业缘和趣缘建立起个人化的人际关系网络。原来的凡村就是一个杂姓村，虽然有几个姓氏相对来说人数较多，但是村民的家族意识并不强，人际关系网络主要依靠日常生活和劳动中的互帮互助形成。村改居之后，原来守望互助的人际关系赖以生发的劳动形式和日常生活形式发生了改变，人际关系网络的结构和功能也必然随之发生变化。基于这样一种根本性的改变，要使村改居之后的凡村村民重新回到之前的乡村共同体生活样态中已经成为不可能之事，而对于凡村村民来说，福利保障制度显然还没有完善到足以应对每个人未来生活可能会发生的风险。在此种状况下，像很多与凡村相似的已经和正在经历村改居的村落一样，需要根据实际情况来尝试建构一种新型共同体，或者可以称之为一种由不同社会组织联合在一起形成的村落社会组织联盟。

可以通过自上而下的形式，由社会力量或机构承接相关服务任务来推动和构建这些社会组织，组织成员构成与曾经的村落共同体不同，组织成员的形成可以是来自学缘关系、业缘关系和趣缘关系，曾经或现在的同学、同事或者仅仅是有某种共同的兴趣爱好而结合在一起，形成不同的社会组织或社会团体。以社会组织为平台，为村民提供更多固定常态化的相互沟通和合作的机会，增强村落归属感和向心力。通过在不同的时间和空间组织不同类型的活动，培养社会组织成员的治理能力，鼓励和号召社会组织成员利用本地资源，通过参与自治的多样化渠道，参与到村落事务的提议和决策过程中。重视组织成员对村落公共事务的知情权和参与权，通过社会组织会议和活动，以多种方式全面收集村民的意见和需求，并且通过组织议事，让村民拥有为村落事务献言献策的机会和权利，进一步增强村民的自治意识和自治能力。

通过不同社会组织平台，举办各种活动。例如，根据不同年龄阶段特点安排适合的普法活动，引导村民全面正确地认识自身权利，鼓励村民通过法律途径维护自身权利，这是对个体化的尊重。同时，引导村民认识到作为家庭、村落集体的一分子，自身应该承担的家庭义务和集体义务，增强村民的责任意识，尤其是通过普法活动，加强对村民的公共责任感的培养，这是对村落共同体的责任。再如，以村民为主体，通过社会组织的各种活动积极建立和健全符合当地公共服务和公益事业发展需求的村规民约，并且建立村民监督机制，监督村规民约实施的整个过程，引入村民竞赛活动和奖惩制度，保证村规民约的落实。以共建的新型村规民约来规范村民行为，引导村民正确处理好个人和个人、个人和组织、个人和集体之间的权利义务边界，帮助村民重新建构团结信任的人际关系。还可以通过村民调查，了解当地文化和风土人情，在由不同村民参与的社会组织中举办符合组织成员兴趣的集体文娱活动来增强村落的凝聚力。通过社会组织平台，可以帮助村民相互交流各种有用的生产生活信息，使社会组织成为村民遇到生产生活问题首先想到的信息源泉，成为便利村民生产生活的有效依靠，从而增强村民社会组织黏性和向心力。通过各种培训活动培养社会组织中的负责人和成员骨干，增强其领导能力、行政能力和沟通能力，提前化解组织成员之间可能出现的矛盾和冲突，增强社会组织韧性。

凡村的人际关系发生了巨大的变化，这种变化不可逆也不可阻，但是相信凡村村民永远有取之不尽用之不竭的智慧以应对这种变化，并在变化中找到一条通往美好生活的幸福之路。这条路使作为具有主体性的，充满了多元、差异和矛盾的个体，愿意参与和能够参与公共生活，并在参与的过程中，同时实现了个人的权益和集体的公平正义。

参考文献

鲍曼，齐格蒙特，2007，《共同体》，欧阳景根译，江苏人民出版社。

波兰尼，卡尔，2007，《大转型——我们时代的政治与经济起源》，冯钢等译，浙江人民出版社。

布迪厄，皮埃尔，2003，《实践感》，蒋梓华译，译林出版社。

蔡立雄，2009，《市场化与中国农村制度变迁》，社会科学文献出版社。

曹海林，2004，《村落公共空间与村庄秩序基础的生成》，《人文杂志》第 6 期。

柴艳萍，2012，《经济制度变迁与中国人际关系的演变》，《中国矿业大学学报》（社会科学版）第 2 期。

常建华，1999，《二十世纪的中国宗族研究》，《历史研究》第 5 期。

陈寒，2018，《世界劳动力市场中的女性——基于近二十年世界女性就业数据的统计分析》，《中华女子学院学报》第 4 期。

陈杰明，2010，《中国养老模式：传统文化、家庭边界和代际关系》，《西安交通大学学报》（社会科学版）第 6 期。

陈静，2017，《拆除围墙打开"心墙"：开放型社区互动空间建构研究》，《内蒙古农业大学学报》（社会科学版）第 1 期。

陈其南，1990，《家族与社会——台湾与中国社会研究的基础理念》，台北：允晨出版公司。

陈映芳等，2003，《征地与郊区农村的城市化——上海市的调查》，文汇出版社。

陈宇，2016，《重建秩序：撤村建居社区治理的困境与转型》，《中南民族大学学报》（人文社会科学版）第 4 期。

陈中民，1991，《冥婚、嫁妆及女儿在家庭中的地位》，载乔键主编《中国家庭及其变迁》，香港：香港中文大学社会科学院暨香港亚太研究所。

杜鹏、李永萍，2018，《新三代家庭：农民家庭的市场嵌入与转型路径——兼论中国农村的发展型结构》，《中共杭州市委党校学报》第 1 期。

杜赞奇，1994，《文化、权力与国家——1990—1992 年的华北农村》，王福明译，江苏人民出版社。

樊欢欢，2014，《"权威性孝道"的现代处境：对同住育儿家庭代际关系的分析》，《学术论坛》第 8 期。

方向新，1998，《农村变迁论——当代中国农村变革与发展研究》，湖南人民出版社。

费孝通，2007，《乡土中国》，上海世纪出版集团。

费孝通，2012，《江村经济》，北京大学出版社。

盖尔，杨，1992，《交往与空间》，何人可译，中国建筑工业出版社。

高兆明，2002，《信任危机的现代性解释》，《学术研究》第 4 期。

格鲁特尔特，C.、贝斯特纳尔，T. 范，2004，《社会资本在发展中的作用》，黄载曦等译，西南财经大学出版社。

古德，威廉，1982，《家庭》，魏章玲译，社会科学文献出版社。

古迪，杰克，1998，《序言》，载安德烈·比尔基埃等主编《家庭史》（三），袁树任等译，生活·读书·新知三联书店。

郭星华、邢朝国，2009，《社会认同的内在二维图式——以北京市农民工的社会认同研究为例》，《江苏社会科学》第 4 期。

郭于华，2001，《代际关系中的公平逻辑及其变迁——对河北农村养老模式的分析》，《中国学术》第 4 期。

郭于华，2003，《心灵的集体化：陕北骥村农业合作化的女性记忆》，《中国社会科学》第 4 期。

何欣、黄心波、周宇红，2020，《农村老龄人口居住模式、收入结构与贫困脆弱性》，《中国农村经济》第 6 期。

贺雪峰，2010，《乡村社会关键词——进入 21 世纪的中国乡村素描》，山东人民出版社。

赫特尔，马克，1987，《变动中的家庭——跨文化的透视》，宋践、李茹等译，浙江人民出版社。

胡幼慧，1992，《两性与老人照顾》，《社区发展》第 58 期。

黄光国、胡先缙等，2004，《面子——中国人的权力游戏》，黄光国编订，中国人民大学出版社。

黄佳琦，2021，《代际交换下家庭权力关系重构——基于苏南农村并家婚姻模式的田野调查》，《天府新论》第 2 期。

吉登斯，安东尼，2000，《现代性的后果》，田禾译，译林出版社。

汲喆，2009，《礼物交换作为宗教生活的基本形式》，《社会学研究》第 3 期。

卡斯特，曼纽尔，2006，《认同的力量》，曹荣湘译，社会科学文献出版社。

克莱曼，阿瑟，2008，《道德的重量——在无常和危机前》，方筱丽译，上海译文出版社。

库利，查尔斯·霍顿，2013，《社会组织》（英文原版），中国传媒大学出版社。

郎晓波，2019，《"撤村建居"社区的空间结构及其治理意涵——一个理解"乡-城"变迁的新视角》，《中共杭州市委党校学报》第 2 期。

雷德菲尔德，罗伯特，2020，《乡民社会与文化——一种人类学研究文明社会的方法》，陈睿腾译，南天书局。

雷丽，2019，《城市化背景下传统人际交往的嬗变》，《湖北科技学院学报》第 1 期。

李斌、陈浩冲，2007，《农村家庭亲密度与适应性的调查研究》，《中国健康心理学杂志》第 6 期。

李丹，2008，《理解农民中国——社会科学哲学的案例研究》，张天虹、张洪云、张胜波译，江苏人民出版社。

李荣荣，2014，《从"为自己而活"到"利他个体主义"——乌尔里希·贝克个体化理论中的一种道德可能》，《学海》第 2 期。

梁漱溟，2005，《中国文化要义》，上海世纪出版集团。

刘爱玉，2020，《制度、机会结构与性别观念：城镇已婚女性的劳动参与何以可能》，《妇女研究论丛》第 2 期。

刘亚秋，2010，《从集体记忆到个体记忆：对社会记忆研究的一个反思》，《社会》第 5 期。

刘拥华，2010，《礼物交换："崇高主题"还是"支配策略"?》，《社会学研究》第 1 期。

马春华，2020，《儿童照顾政策模式的形塑：性别和福利国家体制》，《妇女研究论丛》第 5 期。

马静、施维克、李志民，2007，《城市住区邻里交往衰落的社会历史根源》，《城市问题》第 3 期。

毛丹，2008，《村庄的大转型》，《浙江社会科学》第 10 期。

毛丹，2009，《赋权、互动与认同：角色视角中的城郊农民市民化问题》，《社会学研究》第 4 期。

毛丹，2010，《村落共同体的当代命运：四个观察维度》，《社会学研究》第 1 期。

毛丹等，2008，《村庄大转型：浙江乡村社会的发育》，浙江大学出版社。

梅因，亨利·萨姆纳，2016，《古代法——与社会远史及现代观念的联系》，郭亮译，法律出版社。

米德，玛格丽特，1987，《文化与承诺——一项有关代沟问题的研究》，周晓虹、周怡译，河北人民出版社。

鸟越皓之，2006，《日本社会论——家与村的社会学》，王颋译，社会科学文献出版社。

彭玉生、折晓叶、陈婴婴，2003，《中国乡村宗族网络、工业化与制度变迁》，载黄宗智主编《中国乡村研究》（第一辑），商务印书馆。

钱力成，2020，《把政治文化带回来——文化社会学的启示》，《社会学研究》第 3 期。

乔素玲、黄国信，2009，《中国宗族研究：从社会人类学到社会历史学的转向》，《社会学研究》第 4 期。

青木昌彦，2001，《比较制度分析》，周黎安译，上海远东出版社。

山口重克主编，2007，《市场经济：历史·思想·现在》，张季风等译，社会科学文献出版社。

施坚雅，1998，《中国农村的市场和社会结构》，史建云、徐秀丽译，中国社会科学出版社。

斯瓦德，克里斯托弗、袁浩，2010，《家庭、工作、金钱与道德：中国代际间的价值观差异》，《社会》（英文版）第 4 期。

宋婧、罗根，约翰，2010，《家庭与市场：中国农村的非农就业模式探究》,《社会》(英文版)第 5 期。

唐灿,2010,《家庭现代化理论及其发展的回顾与评述》,《社会学研究》第 3 期。

唐灿、马春华、石金群,2009,《女儿赡养的伦理与公平——浙东农村家庭代际关系的性别考察》,《社会学研究》第 6 期。

滕尼斯,斐迪南,2010,《共同体与社会——纯粹社会学的基本概念》,林荣远译,北京大学出版社。

王春光,2013,《个体化背景下社会建设的可能性问题研究》,《人文杂志》第 11 期。

王道勇,2005,《农民市民化:传统超越与社会资本转型》,《甘肃社会科学》第 4 期。

王海娟,2016,《农民家庭代际关系脱嵌化诱因与效应分析》,《湖南农业大学学报》(社会科学版)第 1 期。

王红云,2022,《个体化视角下的农村基层治理困境与突破路径》,《农业经济》第 8 期。

王沪宁,1991,《当代中国村落家族文化——对中国社会现代化的一项探索》,上海人民出版社。

王跃生,2006,《社会变革与婚姻家庭变动——20 世纪 30~90 年代的冀南农村》,生活·读书·新知三联书店。

王跃生,2008,《中国家庭代际关系的理论分析》,《人口研究》第 4 期。

韦伯,马克斯,2004,《经济行动与社会团体》,康乐、简惠美译,广西师范大学出版社。

吴理财,2014,《论个体化乡村社会的公共性建设》,《探索与争鸣》第 1 期。

吴理财、王俊,2020,《个体化转型下农民谋利型抗争的行动逻辑》,《华南农业大学学报》(社会科学版)第 3 期。

吴柳财,2022,《论中国社会的垂直代际整合——孝道与代际伦理的社会学研究》,《社会发展研究》第 2 期。

西美尔,2000,《金钱、性别、现代生活风格》,刘小枫编,顾仁明译,学林出版社。

项继权，2009，《中国农村社区及共同体的转型与重建》，《华中师范大学学报》（人文社会科学版）第 3 期。

谢桂华，2010，《家庭居住模式与子女赡养》，《社会科学战线》第 2 期。

谢建社，2006，《农民工分层：中国城市化思考》，载南开大学社会工作与社会政策系编《农村劳动力转移的社会政策学术研讨会论文集》。

邢朝国，2017，《中国农村家庭演变："核心化"还是"个体化"？以私房钱的道德评价为切入点》，《社会》第 5 期。

徐安琪，2004，《夫妻权力模式与女性家庭地位满意度研究》，《浙江学刊》第 2 期。

徐安琪，2005，《夫妻权力和妇女家庭地位的评价指标：反思与检讨》，《社会学研究》第 4 期。

薛亚利，2009，《村庄里的闲话：意义、功能和权力》，上海世纪出版集团。

雪伽兰，玛尔蒂娜，1998，《工业革命：从普罗大众到布尔乔亚》，载安德烈·比尔基埃等主编《家庭史》（三），生活·读书·新知三联书店。

鄢盛明、陈皆明、杨善华，2001，《居住安排对子女赡养行为的影响》，《中国社会科学》第 1 期。

阎云翔，2000，《礼物的流动：一个中国村庄中的互惠原则与社会网络》，李放春、刘瑜译，上海人民出版社。

阎云翔，2006，《私人生活的变革：一个中国村庄里的爱情、家庭与亲密关系 1949~1999》，龚小夏译，上海书店出版社。

阎云翔，2016，《中国社会的个体化》，陆洋等译，上海译文出版社。

阎云翔，2017，《社会自我主义：中国式亲密关系——中国北方农村的代际亲密关系与下行式家庭主义》，《探索与争鸣》第 7 期。

阎云翔，2021，《"为自己而活"抑或"自己的活法"——中国个体化命题本土化再思考》，《探索与争鸣》第 10 期。

杨帆、杨成钢，2016，《家庭结构和代际交换对养老意愿的影响》，《人口学刊》第 1 期。

杨华，2018，《私密生活的兴起与农村年轻女性的个体化构建——以豫东马庄调查为例》，《中国青年研究》第 7 期。

杨华、王会，2020，《中国农村新"三代家庭"研究》，载黄宗智主编《中国乡村研究》（第十五辑），广西师范大学出版社。

杨美慧，2009，《礼物、关系学与国家——中国人际关系与主体性建构》，赵旭东、孙珉译，江苏人民出版社。

翟学伟，2004，《人情、面子与权力的再生产——情理社会中的社会交换方式》，《社会学研究》第 5 期。

翟学伟，2005，《人情、面子与权力的再生产》，北京大学出版社。

张丽梅，2008，《西方夫妻权力研究述评》，《妇女研究论丛》第 3 期。

张丽萍、王广州，2022，《中国家庭结构变化及存在问题研究》，《社会发展研究》第 2 期。

张良，2013，《现代化进程中的个体化与乡村社会重建》，《浙江社会科学》第 3 期。

张良，2017，《论乡村社会关系的个体化——"外出务工型村庄"社会关系的特征概括》，《江汉论坛》第 5 期。

张琳，2020，《养育子女影响了女性劳动力市场参与吗——基于中国劳动力动态调查的实证检验?》，《中国劳动关系学院学报》第 6 期。

张婷婷，2017，《新国家与旧家庭：集体化时期中国乡村家庭的改造》，《华东理工大学学报》（社会科学版）第 1 期。

张雪霖，2015，《城市化背景下的农村新三代家庭结构分析》，《西北农林科技大学学报》（社会科学版）第 5 期。

张云武，2009，《不同规模地区居民的人际信任与社会交往》，《社会学研究》第 4 期。

张云武、陈锦霞、冯益，2020，《城镇化与人际交往的关系研究》，《浙江万里学院学报》第 5 期。

章洵，2014，《农村多子女家庭养老代际交换的性别差异——基于湖北省钟祥市 L 村一个典型案例》，《社会科学论坛》第 3 期。

赵爽，2010，《农村家庭代际关系的变化：文化与结构的路径》，《青年研究》第 1 期。

赵爽，2011，《中国社会个体化的产生及其条件——个体化相关理论述评》，《长安大学学报》（社会科学版）第 2 期。

赵文杰，2020，《互动与重构：乡村社区记忆建构中的宗族与国家基层治理》，《山西农业大学学报》（社会科学版）第 6 期。

赵笑梅、周丽，2010，《小学生孤独感与家庭功能的关系研究》，《河北师范大学学报》（教育科学版）第 9 期。

赵旭东，2009，《文化的表达：人类学的视野》，中国人民大学出版社。

郑杭生，2005，《农民市民化：当代中国社会学的重要研究主题》，《甘肃社会科学》第 4 期。

郑迦文，2017，《公共文化空间：城市公共文化服务建设的空间维度》，《华南师范大学学报》（社会科学版）第 1 期。

郑也夫，2002，《城市社会学》，中国城市出版社。

周晓虹，2008，《冲突与认同：全球化背景下的代际关系》，《社会》第 2 期。

朱辉进、邱强，2019，《中国农村市场化的历史背景及现实意义》，《农村经济与科技》第 14 期。

滋贺秀三，2013，《中国家族法原理》，张建国、李力译，商务印书馆。

Adelman, I. K. and Morris, C. T. 1967. *Society, Politics and Economic Development: A Quantitative Approach*. Baltimore: Johns Hopkins University Press.

Arnett Jeffrey, Jensen. 1995. "Broad and Narrow Socialization: The Family in the Context of a Cultural Theory." *Journal of Marriage and the Family* 57.

Arrow, K. 1927. *Gift and Exchanges*. Philosophy and Public Affairs.

Baker, Hugh D. R. 1979. *Chinese Family and Kinship*. Columbia University Press.

Ball, Richard. 2001. "Individualism, Collectivism, and Economic Development." *Annals of the American Academy of Political and Social Science* 573.

Bauman, Zygmunt. 2000a. *Liquid Modernity*. Polity Press.

Bauman, Zygmunt. 2000b. "Ethics of Individuals." *The Canadian Journal of Sociology* 25.

Bauman, Zygmunt. 2001. *The Individualized Society*. Cambridge: Polity Press.

Beck, Ulrich and Elisabeth Beck-Gernsheim. 2002. *Individualization: Institutionalized Individualism and Its Social and Political Consequences*. London and Thousand Oaks, CA: Sage Publication.

Beck, Ulrich. 1992. *Risk Society: Towards a New Modernity*. Trans. by Mark

Ritter. London: Sage Publications.

Bengtson, Vern L. 2001. "Beyond the Nuclear Family: The Increasing Importance of Multigenerational Bonds. " *Journal of Marriage and Family* 63.

Bengtson, Vern, Roseann Giarrusso, J. Beth Mabry, and Merril Silverstein. 2002. "Solidarity, Conflict, and Ambivalence: Complementary or Competing Perspectives on Intergenerational Relationships?" *Journal of Marriage and the Family* 64.

Ben-Amos, I. K. 2000. "Gifts and Favors: Informal Support in Early Modern England. " *The Journal of Modern History* 72.

Blood, R. O. Jr. and D. M. Wolfe. 1960. *Husbands and Wives: The Dynamics of Married Living*. New York: The Free Press.

Brinton, C. Mary, Yean-Ju Lee, and William Parish. 1995. "Married Women's Employment in Rapidly Industrializing Societies: Examples from East Asia. " *American Journal of Sociology* 100.

Carrier, James. 1991. "Gifts, Commodities, and Social Relations: A Maussian View of Exchange. " *Social Forum* 6.

Chen, Feinian. 2004. "The Division of Labor Between Generations of Women in Rural China. " *Social Science Research* 33.

Cohen, Myron. 1993. "Cultural and Political Inventions in Modern China: The Case of the Chinese Peasant. " *Daedalus* 122.

Davis, Nancy and Robert Robinson. 1988. "Class Identification of Men and Women in the 1970s and 1980s. " *American Sociological Review* 1.

Day, Graham. 2006. *Community and Everyday Life*. London and New York: Rutledge.

Dubois, N. and Beauvois, J. 2005. "Normativeness and Individualism in European. " *Journal of Social Psychology* 35.

Durkheim, E. 1954. *The Elementary Forms of the Religious Life*. London: Allen & Unwin.

Finch, J. 1989. *Family Obligations and Social Change*. Cambridge: Polity Press.

Freeman, M. A. and Bordia, P. 2001. "Assessing Alternative Models of Individualism and Collectivism: A Confirmatory Factor Analysis. " *European Journal of Personality* 15.

Gelfand, M. J. and Triandis, H. C. 1996. "Individualism Versus Collectivism or Versus Authoritarianism?" *European Journal of Social Psychology* 26.

Giddens, Anthony. 1990. *The Consequences of Modernity*. Stanford University Press.

Giddens, Anthony. 1991. *Modernity and Self-Identity: Self and Society in the Late Modern Age*. Stanford University Press.

Godwin, D. and J. Scanzoni. 1989. "Couple Consensus During Marital Joint Decision-Making: A Context, Process, Outcome Model. " *Journal of Marriage and the Family* 4.

Goode, W. J. 1970. *World Revolution and Family Patterns*. New York: The Free Press.

Gregory, C. A. 1980. "Gifts to Men and Gifts to God: Gift Exchange and Capital Accumulation in Contemporary Papua. " *Man* 15.

Gross, Neil. 2005. "The Detraditionalization of Intimacy Reconsidered. " *Sociological Theory* 23.

Hareven, T. K. 1974. "The Family as Process: The Historical Study of the Family Cycle. " *Journal of Social History* 7.

Heer, David M. 1963. "The Measurement and Bases of Family Power: An Overview. " *Marriage and Family Living* 2.

Hirsch, F. 1976. *The Social Limits to Growth*. Cambridge: Harvard University Press.

Hofstede, G. 1980. *Culture's Consequences: International Differences in Work-related Values*. London: Sage.

Howard, Cosmo. 2007. "Introducing Individualization. " In Cosmo Howard (ed.), *Contested Individualization: Debates About Contemporary Personhood*. New York: Palgrave Macmillan.

Hsu, Francis L. K. 1948. *Under the Ancestors' Shadow: Chinese Culture and Personality*. London: Routledge & Kegan Paul Ltd.

Hu, Chiung-Yin. 2008. "A Longitudinal Study of Married Women's Probability of Being Housewives in Reforming Urban China. " Ph D. Dissertation in the Department of Sociology. Louisiana State University.

Inglehart, Ronald. 1990. *Cultural Shift in Advanced Industrial Societies.* Princeton: Princeton University Press.

Judd, Ellen R. 1989. "Niangjia: Chinese Women and Their Natal Families." *Journal of Asian Studie*s 48.

Kemp, Candace L. 2004. "Grand Expectations: The Experiences of Grandparents and Adult Grandchildren." *The Canadian Journal of Sociology* 29.

King, Ambrose Yeo-chi. 1985. "The Individual and Group in Confucianism: A Relational Perspective." In Donald J. Munro (ed.), *Individualism and Holism: Studies in Confucian and Taoist Values.* Ann Arbor: Center for Chinese Studies Publications. University of Michigan.

Kipnis, Andrew B. 1997. *Producing GuanXi: Sentiment, Self, and Subculture in a North China Village.* Durham and Lordon: Duke University Press.

Lauer, Robert H. and Jeanette C. Lauer. 2000. *Marriage &* Family: The Quest for Intimacy. *Boston: MC Graw Hill.*

Lawler, *Edward J.* 2001. "*An Affect of Social Exchange.* " The American Journal of Sociology 107.

Lin, Nan. 1995. "*Local Market Socialism: Local Corporation in Action in Rural China.* " Theory and Society 24.

Litwak, *E.* 1960. "*Geographic Mobility and Extended Family Cohesion.* " American Sociological Review 25.

Madsen, *R.* 1984. Morality and Power in a Chinese Village. *Berkeley: University of California Press.*

Mannheim, *Karl.* 1952. "*The Problem of Generations.* " *In P. Kecskemet* (ed.), The Problem of Generations. *New York: Oxford University Press.*

Mauss. *M.* 1954. The Gift: The Form and Reason for Exchange in Archaic Societies. *New York: Free Press.*

McDonald, *G. W.* 1977. "*Family Power: Reflection and Direction.* " The Pacific Sociological Review 4.

McDonald, *G. W.* 1980. "*Family Power: The Assessment of a Decade of Theory and Research,* 1970-1979. " Journal of Marriage and the Family 4.

Oi, *Jean C.* 1992. "*Fiscal Reform and the Economic Foundations of Local State*

Corporatism in China. " World Politics 45.

Olsen, *Nancy J.* 1974. " *Family Structure and Socialization Patterns in Taiwan.* " The American Journal of Sociology 9.

Olsen, *Nancy J.* 1976. " *The Role of Grandmothers in Taiwanese Family Socialization.* " Journal of Marriage and the Family 38.

Parsons, *T.* 1943. " *The Kinship System of the Contemporary United States.* " American Anthropologist 45.

Popkin, *Samuel L.* 1979. The Rational Peasant: The Political Economy of Rural Society in Vietnam. *Berkeley: University of California Press.*

Rodman, *Hyman.* 1967. " *Marital Power in France, Greece, Yugoslavia, and the United States: A Cross-National Discussion.* " Journal of Marriage and the Family 2.

Rubie, *Watson.* 1986. " *The Named and the Nameless: Gender and Person in Chinese Society.* " American Ethnologist 13.

Safilios-Rothschild, *C.* 1976. " *A Macro- and Micro- Examination of Family Power and Love: An Exchange Model.* " Journal of Marriage and the Family 2.

Scott, *James C.* 1976. The Moral Economy of the Peasant: Rebellion and Subsistence in Southeast Asia. *New Haven: Yale University Press.*

Simmel, *G.* 1978. The Philosophy of Money. *London: Routledge and Kegan Paul Ltd.*

Sussman, *M.* 1959. " *The Isolated Nuclear Family: Fact or Fiction.* " Social Problems 64.

Thornton, *Arland and Thomas E. Fricke.* 1987. " *Social Change and the Family: Comparative Perspectives from the West, China, and South Asia.* " Sociological Forum 2.

Tonnies, *F.* 1957. Community and Association. *East-Lansing: Michigan State University Press.*

Triandis, *H. C.* 1972. The Analysis of Subjective Culture. *New York: Wiley.*

Triandis, *H. C.* 1988. " *Collectivism and Individualism: A Reconceptualization of a Basic Concept in Cross-Cultural Psychology.* " *In G. K. Verma and C. Bargley (eds.) ,* Personality, Attitudes, and Cognitions. *London: Macmillan.*

Triandis, H. C. 1990. "Cross-Cultural Studies of Individualism and Collectivism." In J. Berman (ed.), Nebraska Symposium on Motivation. Lincoln, Nebraska: University of Nebraska Press.

Turner, B. S. 1994. "The Post-modernization of the Life Course: Towards a New Social Gerontology." Australian Journal of Ageing 13.

Vogel, Ezra. 1965. "From Friendship to Comradeship: The Change in Personal Relations in Communist China." The China Quarterly 21.

Wang, X. 2002. "The Post-Communist Personality: The Specter of China's Capitalist Market Reforms." The China Journal 47.

Warner, R. L., G. R. Lee, and J. Lee. 1986. "Social Organization, Spousal Resources, and Marital Power: A Cross-Cultural Study." Journal of Marriage and the Family 1.

Weber, M. 1930. The Protestant Ethic and the Spirit of Capitalism. London: Allen & Unwin.

Weber, M. 1968. Economy and Society: An Outline of Interpretive Sociology. Berkeley: University of California Press.

Yang, C. K. 1959. A Chinese Village in Early Communist Transition. Cambridge: The M. I. T Press.

Yang, Mei - hui. 1989. "The Gift Economy and State Power in China." Comparative Studies in Society and History 31.

图书在版编目（CIP）数据

城市化与农村人际关系变迁／赵爽著． -- 北京：
社会科学文献出版社，2023.6
ISBN 978-7-5228-1919-8

Ⅰ.①城… Ⅱ.①赵… Ⅲ.①城市化-关系-农村-
②人际关系-研究 Ⅳ.①C912.11

中国国家版本馆 CIP 数据核字（2023）第 102465 号

城市化与农村人际关系变迁

著　　者／赵　爽

出 版 人／王利民
责任编辑／庄士龙　　胡庆英
文稿编辑／张真真
责任印制／王京美

出　　版／社会科学文献出版社·群学出版分社（010）59367002
　　　　　　地址：北京市北三环中路甲 29 号院华龙大厦　邮编：100029
　　　　　　网址：www.ssap.com.cn
发　　行／社会科学文献出版社 （010）59367028
印　　装／三河市东方印刷有限公司

规　　格／开本：787mm×1092mm　1/16
　　　　　　印 张：11.5　字 数：185 千字
版　　次／2023 年 6 月第 1 版　2023 年 6 月第 1 次印刷
书　　号／ISBN 978-7-5228-1919-8
定　　价／89.00 元

读者服务电话：4008918866